K.G. りぶれっと No. 52

規則と生徒指導
1980-90 年代のジレンマ

中尾豊喜［著］

JN124431

関西学院大学出版会

まえがき

　本書は、学校教育における生徒指導（guidance and counseling）にかかわって、近年、管理教育と批判を受けながら、生徒規範として校内秩序を保つために継承された日本の学校内部規則をテーマとする。

　とりわけ、学校の荒れに対応して当然のように強化されてきた公立中学校（一部に高等学校段階も含め）の「生徒心得」や「生徒規則」について考えていく。

　その時期は、児童生徒や保護者らが学校の生徒心得や規則の記載内容について、裁判所に訴える事例が現われはじめた 1980 年代から、落ち着きをみせた 1990 年代の約 20 年間を追う。考察や分析の資料は当時の文献や資料を用いて論考を進める。

　このことから、本書の書名を「規則と生徒指導」、副題を「1980-90 年代のジレンマ」とした。

　ところで、世界の人々の幸福度を表す "World Happiness Report 2019" の調査結果が、国内では 2019 年 3 月 21 日の NHK ニュース番組で公表された。それによれば、日本人の幸福度は 58 位、前回の 2018 年は 54 位だった。年毎に降下を辿って、G7 中で最下位と報じられている。上位はフィンランド・デンマーク・ノルウェー・アイスランド・オランダ・スイス・スウェーデン等の欧州諸国が常である。

　日本人が幸福と感受できない主な要因は、社会生活の実態が寛容性に乏しいことや、ルールの在り方が以前から指摘されてきた。今回はこれに加えて、社会規範の窮屈さや温もりのなさを感じている人の値が高まったとされた。後述もするが、児童生徒の不登校の要因の一つに「学校のきまり」が挙げられているが、これと何かの関係性があるのだろうか。

　今後、日本社会の質的な環境は、多様な価値や生活習慣をもつ、宗教観も異なる大勢の外国人と共生する社会生活を営むことが予定されているが、社会規範、ルールの捉え方は、今以上に複雑多岐で広範になるだろう。

学校教育において「自分たちのルールは、自治として自分たちで考え、合意形成を図って提案する」ということを知識・技能の習得に留まらず、思考力・判断力・表現力等の育成や学びに向かう力・人間性等の涵養に向けた具体的なトレーニングが、校内における生活実践レヴェルで必要ではなかろうか。生徒が近未来社会を形成する大人（主体的な市民）として行動に移すためのトレーニングが求められよう。

　本書が「生徒規則」の整理を通して目標とするところをSDGsのロゴで表現すれば、「3・4・5」、少し欲張って「10・12」、そして「16」を掲げたい。ただし、「12」の「つくる責任、つかう責任」については、持続可能な消費と生産を、生徒が校内生活における持続可能な規則の策定・改正とその運用・実践等と読み替える必要があると考えている。

　また、本書のキーワードは、人間相互の関係における「規則」（code、rule、regulation）や「きまりごと」（the regulations of school）となろう。「規則」や「きまりごと」とは、一個人（生徒）と複数の個人（生徒と生徒……）が間主観的に、同じ時間、同じ空間、人間として生きて活動する営みの秩序構造を成文化したものといえる。

　私はMetro（地下鉄）とJRの電車を利用して通勤を行っている。今朝、いつものように電車を待つため、駅のホームに他者とともに並んでいた。その後、駅員の声で構内アナウンスが聞こえてくる。「列車が入ります、危ないですので黄色いブロック線まで下がってください〜」

　電車がホームに到着してドアが開いた途端、列の後ろに位置していた人が順番を飛ばし、他者を押しのけて、自らが好む座席をめざして着座する事例によく出会う。

　事例の人たちは、老若男女を問わない。何かの事情があるのだろう。

　上記のような事例などで不都合が生じた場合、人間としての基本的なマナー（作法・心得）を超えて、ルール（規則）が新たに生成されるのだろう。

　本書は、学校の内部規則体系の一部を扱う。一般に社会において「校則」と表現されているものは、生徒が保持する『生徒手帳』に掲載された「生徒規則」や「生徒心得」のことである。小学校においては「学校のきまり」

とか、「みんなのきまり」等といっている。

　中学校や高等学校、小学校高学年の児童生徒と、その保護者らが司法に対して在籍校の設置者と校長を訴えた紛争の時期がかつて日本にあった。1980 年から 90 年代がそれである。これらの紛争は 1995 年の最高裁判所判断後はひとまず落ち着きをみせた。

　しかし、2017 年 11 月、高等学校で「地毛登録」制度や頭髪指導を巡り、授業や学校行事に参加できなかったとして司法の判断に移る事例が生じ、学校の規則の問題が再燃している。

　2019 年 10 月、文部科学省が公表したいじめ認知件数や不登校児童生徒数の実態は過去最高値を示した。なかでも、中学校 1 年生で「不登校」数の急増が示唆される。その要因として「学校のきまり」が挙げられている。すなわち、「生徒規則」の問題を考えることは、古くて新しい難問といえる。

　そこで、第 1 章では、現在の社会環境にかかわり、自他の関係性、他者の他者は自己であることなどについて検討する。生徒規則の問題の基底は、詰まるところ日本国憲法第 11 条や第 97 条が保障する「基本的人権」の解釈の仕方にほかならない。それゆえに人間相互の関係や一個人の尊厳という視点から、人と人との基本的な関係について検討を加える。

　第 2 章と第 3 章で、1980 年から 1990 年代時の生徒指導について考え、生徒規則をめぐる裁判例を概観する。

　また、第 4 章では教育裁判の変容、学校の利用関係の諸説、親の教育権について概要を述べる。

　最後の第 5 章では、教育法社会学的な考え方において、生徒規範としての生徒心得や生徒規則の整理に挑む。そのうえで、実践的に当たり前だろうという非難も受けようが、生徒規則の策定方法について論考を試みたい。その一例として、教育課程上は総合的な学習の時間に位置づけた授業の実践例と、特別活動における学級活動・ホームルーム活動や児童会活動・生徒会活動を実現するための自治活動の例を付した。

　この授業実践の考え方については、小学校は 2020（令和 2）年 4 月から、中学校は 2021（令和 3）年 4 月から一斉に、また高等学校は 2022（令和 4）

年以降に学年進行で実施される新しい学習指導要領に対応させた。義務教育後期や中等教育の教育課程としては、総合的な学習の時間や総合的な探究の時間（市民社会における human rights の認識度）、特別活動（個としての意見表明や生徒自治）。また生徒指導（学校規範）や進路指導（生徒のキャリア発達）など教員研修にも活用できる。生徒の多様性を尊重しつつ、ために、各学校の教育実践のための参考資料となれば幸甚である。

　生徒の認知能力向上に偏重せず、学習・生活集団における話し合い活動を通じた非認知能力（傾聴力・協調性などの対人スキル、自己肯定感・自律性などの対自己スキル、時間管理能力・論理的思考力などの対課題スキル）を培う機会として、生活集団の公共的な合意を形成するの資質・能力の育成に活用されることを期待する。

目　次

第1章 人間と学校教育

I　社会のなかの学校

　教育（education）について、日本では、日本国憲法（以下、「憲法」と略す。）第 26 条第 1 項で「すべて国民は、法律の定めるところにより、その能力に応じて、ひとしく教育を受ける権利を有する」と謳う。この英文は、Article 26 of the Constitution. "All people shall have the right to receive an equal education correspondent to their ability, as provided by law". である。

　憲法上、教育についての記述はこれに限られる。

　これを受けて、教育にかかわる基本的な仕組みが、教育基本法（1947 年 3 月 31 日施行を以下、「旧教基法」と略し、2006 年 12 月 22 日に施行した現行法を「教育基本法」と記す。）によって定められている。すなわち、日本における教育基本法は、教育界の憲法といっても過言ではない。

　旧教基法と教育基本法の双方ともに、第 1 条で教育の目的を定義している。ここでは、「人格の完成」をめざして「社会の形成者としての必要な資質」を備えた国民の育成に期すことが共通して謳われている。

　また、双方とも第 5 条は義務教育であるが、教育基本法第 5 条第 2 号で、「各個人の有する能力を伸ばしつつ……社会の形成者として必要とされる基本的な資質を養うことを目的として行われるものとする」と、第 1 条の教育の目的の内容と重ねたところは、新たに定められた条文で強調された箇所と筆者は見て取る。

　ここで登場する憲法用語の「能力」、法律用語の「資質」は、このたび教育基本法の改正後、実質的に初めての学習指導要領や保育所保育指針等

の改訂となっている目標や内容項目に明らかに表現されている。[1] 幼児教育から初等・中等教育まで一貫して、小学校と中学校の道徳科を除き、「資質・能力」として表現された。それは、概ね次の三つの柱として示されている。つまり、①知識・技能、②思考力・判断力・表現力等、③学びに向かう力・人間性等である。これが各学校種、保育所・こども園において保育・教育実践に移され、小学校は 2020 年 4 月より、中学校は 2021 年 4 月より完全実施される。

　一方、家庭教育については、これまでの教育基本法にはなかった。それゆえに今回は条項を第 10 条に新たに設けた。その内容は、保護者は子の教育について第一義的責任を有し、生活のために必要な習慣を身に付けることと自立心の育成、心身の調和のとれた発達を図ることのみを謳うに留まっている。

　すなわち、日本でいう広義の教育とは、主に学校教育を想定している。換言して、この実現について明治の「学制」[2] 公布以降、国家が税で賄う「学校」[3] への期待はことのほか大きく、また、今後もその期待は継続されるであろう。

　これが学校の社会的な存在意義となり、「各個人の能力を伸ばしつつ……社会の形成者として必要とされる基本的な資質を養うこと」（……は、筆者が略す。）の結果や成果に対する学校の説明責任（accountability）は、

　1　「学習指導要領や保育所保育指導等」とは、2016（平成 28）年 12 月の中央教育審議会答申を踏まえ、2017（平成 29）年 3 月に告示された『小学校学習指導要領』『中学校学習指導要領』『幼稚園教育要領』（以上、文部科学省）、『幼保連携型認定こども園教育・保育要領』（内閣府／文部科学省／厚生労働省）、『保育所保育指針』（厚生労働省）と、2017（平成 29）年 4 月に告示された『特別支援学校幼稚部教育要領 小学部・中学部学習指導要領』に加え、2018（平成 30）年 3 月告示の『高等学校学習指導要領』と 2019（平成 31）年 2 月に告示された『特別支援学校高等部学習指導要領』をいう。

　2　「学制」は、1872（明治 5）年 8 月に公布された日本で初めて学校制度を定めた基本法。内容は 109 章からなり、「大中小学区ノ事」「学校ノ事」「教員ノ事」「生徒及試業ノ事」「海外留学生規則ノ事」「学費ノ事」の 6 項目を規定している。全国を 8 つの大学区に分け、各々その下に中学区、小学区を置き、それぞれの学区に大学校・中学校・小学校を 1 校ずつ設置した。1879（明治 12）年、「教育令」の公布により廃止された。

　3　「学校」とは、学校教育法第 1 条に定める「幼稚園」「小学校」「中学校」「義務教育学校」「高等学校」「中等教育学校」「特別支援学校」「大学」「高等専門学校」をいう。

今日において歴然と存在している。学校教育は、社会の変容やニーズ、課題の解消等に応答できているか、ということは常に問われている。日本社会における諸課題を学校教育、言い換えて学校の教師が担うところは極めて重要で大きいと表現しなければならない。

　保護者のなかには、憲法第 10 条を超越して家庭教育を実践している人々は存在している。今後も学校と家庭と地域社会が、それぞれの立場でそれぞれが主体となって、持続可能性な視点から、自然環境の保持と社会環境の質の改善を図っていくことが期待されている。

　この意味では、最近、教員の仕事実態が長時間労働であることから「ブラック」と揶揄されるが、近未来の人間社会にとって、その崇高な営みは、教育課程内外を問わず「学校」のポジション取りは重要である。言い過ぎを許してもらえれば、見えないところで「学校」が社会を支えていると感じることも多い。

Ⅱ　学校における生徒指導

　学校教育においては、「学習指導」と、機能としての「生徒指導」は車の両輪にたとえられ、日頃から有意な関係を保っている。相互いに作用して相乗効果を醸し出す役割を果たしているとこれまで捉えられてきた。

　この生徒指導について、従前の『生徒指導の手引き（改訂版）[4]』等を踏襲しながら、旧版となった『生徒指導提要（平成 22 年 3 月）[5]』では、次のように表現している。少し長いが引用する。新版『生徒指導提要（令和 4 年 12 月）』が示す生徒指導の定義と目的。加えて、生徒指導の機能や実践上の視点である 3 点に、新たな 4 点目となった安全・安心な風土の醸成にかかわって、本書 149-150 頁に「資料Ⅸ」として第 2 刷りで加筆した。

4　文部省（1981）『生徒指導の手引き（改訂版）』大蔵省印刷局、1-7 頁。

5　文部科学省（2010）『生徒指導提要（平成 22 年 3 月）』教育図書、1 頁。

12

　　生徒指導とは、一人一人の児童生徒の人格を尊重し、個性の伸長を図
りながら、社会的資質や行動力を高めることを目指して行われる教育
活動のことです。すなわち、生徒指導は、すべての児童生徒のそれぞ
れの人格のよりよい発達を目指すとともに、学校生活がすべての児童
生徒にとって有意義で興味深く、充実したものになることを目指して
います。生徒指導は学校の教育目標を達成する上で重要な機能を果た
すものであり、学習指導と並んで学校教育において重要な意義を持つ
ものと言えます。
　　各学校においては、生徒指導が、教育課程の内外において一人一人の
児童生徒の健全な成長を促し、児童生徒自ら現在及び将来における自
己実現を図っていくための自己指導能力の育成を目指すという生徒指
導の積極的な意義を踏まえ、学校の教育活動全体を通じ、その一層の
充実を図っていくことが必要です。

　日本生徒指導学会のホームページは、八並光俊らの文献から引用して[6]
「生徒指導」という用語を以下のように説いている。

　　生徒指導とは、子ども一人ひとりのよさや違いを大切にしながら、子
どもたちの発達に伴う学習面、心理・社会面、進路面、健康面などの
悩みの解決と夢や希望の実現を目指す総合的な個別発達援助だといえ
ます。

　筆者は、「児童生徒自ら現在及び将来における自己実現を図っていく」
というところは、キャリア教育として生き方を考えるうえでは、「これまで」
を見据える必要があり、「いま」そして「これから」という過去─現在─
近未来という時間軸における自己内対話や他者との会話による思考が必要
と解釈している。そのため、一人の幼児・児童・生徒という発達段階につ

6　八並光俊・國分康孝編（2008）『新生徒指導ガイド　開発・予防・解決的な教育モ
デルによる発達援助』図書文化。

いて 3 歳頃から 17 歳まで（可能な限り幼児教育から高等学校・中等教育学校まで）を俯瞰した「キャリア・パスポート[7]」の作成が必要であると考える。

　本書は、「生徒指導」（guidance and counseling）の語を用いるが、この分野は従来、「生活指導」と呼ばれてきた。現在は文部科学省も表現しているように「生徒指導」という用語が定着した。しかし、今日でも都道府県や市町村によっては、「生活指導」としている地域もある。また、初等教育である小学校や義務教育学校の前期課程、特別支援学校の小学部でも「児童指導」とは表現せず、「生徒指導」や「生活指導」と称している。

　また、生徒指導は機能とされる。

　生徒指導提要で「教育機能としての生徒指導は、集団や社会の一員としてよりよい生活や人間関係を築き、人間としての生き方について自覚を深め、自己を生かす能力を養う場であり、生徒指導のための中核的な時間となる[8]」と示し、生徒指導の教育実践の場を教育課程上では特別活動に位置付く。

　その後、中教審答申[9]は、特別活動が学校全体で行うキャリア教育（進路指導を含む。）の中核的な役割を果たす時間であると明示した。ここに、生徒指導・進路指導と特別活動の密接な関係が見て取れよう。

　機能としての生徒指導の推進は、全教職員の共通理解を図って学校としての指導体制を構築することが大切である。また、生徒指導は学校単独では完結しないため、家庭や地域社会の関係諸機関・諸団体と密接な連携や協力が必要となり、相互の関係性構築が求められる。

　学校が中心となって生徒指導を推し進めることは当然のことではある

　7　中尾豊喜（2020）「「キャリアパスポート」試案」、中尾豊喜編著『総合的な学習の時間・総合的な探究の時間と特別活動の方法』東洋館出版社、224-229 頁。ここで本来必要とされるキャリアパスポートモデル「Career-passport《私の今まで、今、今から》」を示した。
　8　文部科学省（2010）前掲書、3 頁。
　9　中央教育審議会（2016）「幼稚園、小学校、中学校、高等学校及び特別支援学校の学習指導要領等の改善及び必要な方策等について（答申）平成 28 年 12 月 21 日」、55-56 頁。

が、チーム学校の視点や学校外と連携することにより、充実した生徒指導の実践が可能となる。

　なお、「特別活動に関する指導力は、免許状がないこと等から専門性という点で軽く見られがちであるが、本来、小・中・高等学校の全ての教員に求められる最も基本的な専門性の一つである。教員養成段階で、特別活動の意義や学校の教育活動全体における役割、指導方法等の本質をしっかりと学ぶようにすることが必要である。また、国や都道府県等による取組状況の共有などを行う研修や、研究団体等による指導方法等の研究及びその普及が強く求められる[10]」という中教審答申の指摘は、これから教員を志す学生にとって、夢や志、使命感がさらに膨らむだろう。それゆえに、教育大学や教職課程を併せもつ高等教育機関において教職科目を担当する者の責任は重い。

10　中央教育審議会（2016）「幼稚園、小学校、中学校、高等学校及び特別支援学校の学習指導要領等の改善及び必要な方策等について（答申）平成 28 年 12 月 21 日」、235 頁。

第2章 生徒規範の研究

I　1980-90年代の教育諸課題

　学校化した社会（schooled society）、または学校化された社会といえる1980-1990年代の日本社会は、学校・子ども・教育にかかわる内容が高度な情報化の波に乗って広範囲に語られはじめた時代である。

　1980年代以降において欧米では、特にアメリカ合衆国においては1983年の報告書『危機に立つ国家』以来、日独の経済競争に対抗して、当時のクリントン大統領は1997年の年頭にナショナル・スタンダードとして達成すべき平均学力水準の設定を提言した。このように、特に初等・中等学校において欧米が学問のニーズ《共通性》水準を向上させることに改革の第一義的な目標を設定していることに対して、日本は子ども社会中心のニーズ《多様性》を促進させたことを対比すれば、以前の教育の在り方が逆転したように見て取れる。

　当時、日本の教育改革は学歴偏重の社会、画一化教育、管理教育、硬直化した教育制度からの脱却を目指していた。その背景には、教育行為の結果として校内暴力、いじめ、不登校などの教育病理的な現象があった。加えて大規模な社会の変化にともない生活様式や価値観が多様化したこと。さらに、学校教育に対する期待や考え方も多様化したこと。そして、人々が一個人として私事への関心や利己的な権利意識の高まりなどが教育改革の必要性の背景にあったことは歪めない事実だろう。

　上述の日本の教育改革は「学校のスリム化」と表現され、学校の役割を縮小させ、機能を縮小させることにより改善につながり、子どもの生活が豊かになるという論調であった。

　これを背景に、教育政策や学校教育は具体的に「個性尊重の教育」「子どもの生活にゆとり・教育にゆとり」へとその方向性の転換を図った。

　さらに、制度面においても明治以降において伝統的に継続してきた学校教育の週六日制を崩し、1992年9月より毎月1回の「学校週五日制」に踏み切り、次いで1995年4月1日からは月2回土曜日の休日制度を実施した。

　ところが、生徒指導上の問題に限ってみても、前述の児童や生徒を取り巻く状況は一向に好転の兆しをみせないどころか、制度疲労にいたったようにもみられた。

　具体的には、1975年から1985年において、全国的に中学校を舞台に、「校内暴力」事件や他の中学校との「生徒間暴力」、また「対教師暴力」等、さらに万引き、オートバイや自転車盗といった窃盗事件や横領事件である、いわゆる「初発型非行」によるなど、第二次世界大戦後（1945年以降）における少年の非行（問題行動）の第三の波を特徴づけ、急速に上昇させた。これは、「1983年の第三のピーク」と表現され、14歳、15歳の年少者が主流を占めた。

　これよりわずか10年余りで、「いじめ」の問題が勃発し始めた。たとえば東京都中野区の事件や茨城県いわき市の事件などにより、青少年の非行や反社会的行為が陰湿化してきたと語られる。

　1990年は、兵庫県の神戸高塚高校で起きた校門圧死事件が発端となり、生徒指導という管理教育の一面が新聞やTVニュースで連日大きくクローズアップされ、学校教育は批判の的となっていく。

　また、中学校在学者数が1990年度536万9162人に対して、1998年度438万604人に減り、さらに1999年度は424万3753人に減少している。これにみられるように、年々少子化が進むなか、不登校の児童や生徒の増加が社会問題となった。不登校については、当時文部省は「登校拒否」と表現していたものを後に文部省と厚生省との表記が異なる関係上から「登校拒否（不登校）」とした時期である。

　毎年8月初旬、新聞紙上に学校基本調査の結果が公表され、不登校が急

増する時期であった。「不登校生数、過去最多」という文字をよく目にした。

　1994 年 11 月、教育界を一変させた事件が愛知県西尾市で起きた。当時 13 歳の男子（中学 1 年生）の「いじめ」による自死事件である。これにより学校（校長、教員）は世間の非難を一身に被った。その数日後より、いわゆる「いじめ」を原因とする中学生の年齢層の自死が続いた。

　そして、この一連の「いじめ」事件が起きた 1994 年度末から 1995 年度以降は、不登校生の一層の増加をみることとなった。

　1997 年、兵庫県の神戸市須磨区で起きた少年（当時 14 歳の中学生）による連続児童殺傷事件、いわゆる「酒鬼薔薇事件」が起きた。

　1998 年は初頭から栃木女性教師刺殺事件が起き、中学校の英語教員が亡くなった。栃木県黒磯市（現那須塩原市）の黒磯北中学校内において、授業後に廊下に友人と共に呼ばれ、教員より授業態度を注意された生徒がポケットからバタフライナイフを出して教員を刺すという事件があった。

　1990 年代後半、学級が集団教育の機能を果たすことができない状況である、マスコミ用語でいう「学級崩壊」が小学校で起き、この時期は少年非行の第 4 のピークといわれた。それも恒常的なピークと表現する事例もみられ、校内暴力や対教師暴力は、前年比 2 倍に激増した。不登校の児童生徒は、1994 年度との比較において 1998 年度は、およそ 2 倍に増える事態となった。従前の「登校拒否（不登校）」と呼んだ時期の「学校嫌い」の分類から不登校調査の方法が変更されたことを考慮しても、この増加は、真摯に受け止めるべき緊急事態である。

　1998 年度の児童や生徒をめぐる諸問題の数字は、暴力行為の発生件数が、公立小学校・中学校・高等学校において、校内暴力が 2 万 9671 件（前年度比 26% 増加）、校内暴力が 5561 件（前年度比 13%）である。また、いじめの発生件数（公立小・中・高等学校・「特殊」学校）は、3 万 6396 件（前年度比 15% 減少）となり、不登校者数（国公私立小中学校）12 万 7692 件（前年度比 21% 増加）となった。出席停止の措置数（公立小中学校）57 件（前年度比 12 増加）、自殺者数（公立小中学校）も 192 件（前年度比 44% 増加）となっている。

18

II　学校批判と依存

　学齢期と児童生徒の生活背景は一様ではない。平常、児童や生徒が帰宅した後、19時以降に親権者または18歳以上の親族がいない家庭を「不在家庭」というが、年々その率は増えている。

　各方面から、家庭や地域社会の教育力が低下したという論調が聞かれるが、広田[1]は、そうともいえない興味深い指摘をしている。これによれば、質の変化を読み解くことができる。

　たとえば、学校、家庭、地域社会、教育委員会・消防署、警察署などの関係諸機関や団体との実際を以下に記述する。

　　教員が家庭と連絡を取ろうとしても、夜間でも連絡が取れない。家出による欠席を偽る、またその捜査や捜索願を学校に任せる。
　　万引きや窃盗等で警察に補導された際に深夜であっても学校や学級担任の自宅に電話し、担当教員だという理由で引き取りを依頼する。
　　電話が通じないので家庭訪問を繰り返しても、居留守を使って応答しない。
　　生徒の身分にかかわり緊急性のある事態がおきたため、保護者との協議を依頼しても連絡が常にとれないため、保護者に合うために生徒の自宅前で終電まで待っても会えない。
　　毎日、学校に長電話で子育てについて相談を求め、家庭への訪問を要求する。
　　生徒の昼食を緊急に学校が準備することは可能なこととしても、家庭が経済的に困窮しているわけでないのに、児童生徒の夕食や朝食を教員の善意に依存する。衣服も食事と類似している。これらは、一部では日常的な出来事と化した事例も少なくない。

1　広田照幸（1999）『日本人のしつけは衰退したか「教育する家族」のゆくえ』講談社、8-22頁、50-114頁、150-172頁。

また、「自宅の前のバイクを移動しろ」「公園が汚いので掃除しろ」「自転車が無くなったので見に来てほしい」と根拠なく中学生の行為とされ、悪いと疑われる。そのため、学校に夜回りや警護を要求される。

　これらに類似することは枚挙に暇がない。であれば、学校は何のために存在するのか疑問を抱く。学校は公の施設であっても託児所ではないだろう。これを「学校依存」と呼べば、社会における公立学校はコンビニエンスストアのように24時間営業で、非営利団体化したようにもみられる。
　一方において、「学校批判」が飛び交う。以下がその一例である。

　　生徒指導を規則による規律指導については管理教育だという批判。集団指導については、没個性教育という批判。また生徒の登下校については「学校の近くの遠方では不平等だからから、自転車通学を許すべきだ。」などの要望。

　このように、現象を正確に認識することなく、一律に学校に対し、怒りと思いの矛先を向けてくる。これにマスメディアによる「学校バッシング」も手伝って、児童・生徒や保護者、地域社会の一部からの学校批判は勢いを増す。さらに教育情報の公開や開示[2]、個人情報保護条例の観点から、学校の内部規則に対しての異議申し立てが表出しはじめている。特に生徒の規則に関しては、服装や髪形、所持品などへの項目や指導に対する異議申し立ては顕著であった一方で、先に学校依存でみてきたように「学校の規則を明確に決めて、指導を徹底しろ」という、これも強い要望がなされたことも現実である。

2　大阪府箕面市における中学校生徒指導要録「所見」欄の全面開示という1992（平成4）年3月の審査会答申後は、開示請求は全国に広がった。

Ⅲ　課題の所在群（脱学校と教育の目的）

1　教育改革と実社会

　日本の教育改革[3]に対する学齢期の子どもをもつ親をはじめ、教員や有識者を含めた社会からの当面の期待は、単なる制度やカリキュラムいじりではなかろう。おそらく、義務教育の機関である公立小学校や中学校において全国的に勃発して止まない、児童・生徒による校内暴力[4]、万引き、ひったくり、深夜徘徊、喫煙、原動機付自転車の無免許運転、性にかかわる問題行動、生徒間暴力、学校間暴力、対教師暴力、器物破損、シンナー吸引、ドラッグ問題等の反社会的行為や非社会的行為という諸問題の行動の健全化にある。そして、いじめの問題。また、多様な様相をみせる不登校という現象。さらに、小学校段階での教室内のアノミー（anomie）化現象が深刻な事態に陥っていることの改善だろう。

　すなわち、国民の立場からすれば教育改革への期待は、これらの緊急かつ、最重要課題が憂慮すべき課題として適切に認識され、対策が講じられていく抜本的な対応だろう。これらを具体的にどうするか、対応については、国家も、一人ひとりの国民も真摯な構え方が求められるが、子どもの育成は直ちに効果が目に見えてこないだけに、対応の難しさは理解できる。

2　子どもの脱学校化

　次代を担う子どもたちは、脱学校化の傾向にある。学校を長期にわたり

　3　藤田英典（1997）『教育改革』岩波書店。文部省編（1998）「中央教育審議会答申　幼児期からの心の教育の在り方について　今後の地方行政の在り方について」『文部時報』1466号（10月号臨時増刊号）や1456号（4月号臨時増刊号）ぎょうせい。文部省編（1996）「第15期中央教育審議会第一次答申　21世紀を展望した我が国の教育の在り方について」『文部時報』1437号（8月臨時増刊号）ぎょうせい。

　4　『毎日新聞』（第41933号）1999年8月6日朝刊（大阪本社14版）毎日新聞社大阪本社。あるいは清水一彦・八尾坂修他（1999）『教育データランド1999→2000』時事通信社、72-73頁。公立中学校内での暴力行為の発生件数が1995年度から1999年度上半期にかけて2倍強に急増している。

欠席する児童生徒の課題については、「学校嫌い」「登校拒否」「登校拒否（不登校）」そして「不登校」へとその行為を表現する用語の変化に窺えるようその様態は一様ではない。

　1998 年度の不登校数は 12 万 7694 人（前年度より約 2 万 3 千人増加）となって、いずれも調査が開始された 1991 年度以来、過去最多であることは既述したが、これらの対応は教育上において大きな問題となっている。

　これについて当時の文部省は、「不登校の背景としては、家庭の問題、学校の在り方、本人の意識の問題等、要因が複雑に絡み合っていることがある。また、最近みられる傾向として『不登校はどの子にも起こり得るものであり、問題行動ではない』として」学校を絶対視するような考え方が相当弱まっており、一般的に『学校に必ず行かなければならない』という意識も薄らいでいることが挙げられる[5]」と論じざるを得ない状況にあった。日本社会の教育そのものを問う重大な社会現象である。

　当時の文部省の「児童生徒の問題行動実態調査」の様式は、不登校は「病気」「学校ぎらい」「経済的理由」「その他」に大別された。それをさらに類型化して「遊び非行型」「学校生活に起因する型」「無気力」「情緒等不安の型」「意図的な拒否」などに分類した。そして、不登校のきっかけについては、「友人関係を巡る問題」「教師との関係を巡る問題」「学業不振」「クラブ、部活動への不適応」「学校のきまりを巡る問題」「入学、転入」「進級時の不適応」「家庭の生活環境の急激な変化」「親子関係を巡る問題」「家庭内の不和」「病気による欠席・その他本人に関わる問題」「その他及び不明」となっていた。

　1999 年 8 月、不登校問題の監督庁である文部省は、マスメディアを通じて、1998 年度中の不登校児童・生徒数を公表した。そのなかで、中学生が不登校に陥った直接のきっかけ「学校生活に起因する型」の「E：学校の決まりを巡る問題」に注目して分析する。1988 年度が 2.8% である。1977 年度は 2.9%（2446 人）であった。調査用紙の記載が教員（小学校は

5　文部省編（1999）『平成 11 年度 我が国の文教政策——進む「教育改革」』大蔵省印刷局、256 頁。

生活指導担当または教務主任、中学校は生徒指導主事または教頭）である
にもかかわらず、この類型だけで全体の41.7%（3万5060人）を占めた。

　ここでいう「学校のきまり」が、また一般に「校則」と表現されている
「きまりごと」が要因であることがわかる。

　そうであれば、学校における生徒規範としての規則は、不登校問題の一
つの要因であるのであれば、学校のきまりごとについて研究を進めること
で、解決の糸口を見出すことにもなる。

　学校のきまりごとの制定や改正、指導方法の実際、生徒の受け止め方、
保護者や地域社会の理解など、おおいに気になるところである。

　さらに、1999年12月15日付けの文部省の発表により、新聞紙上は「高
校中退率最高2.6%」と題し、「1年生、クラスに2人」「適応意欲乏しく」
と表現した。また、併記して、児童生徒の「自殺者44%増加」「小中高生
86年以降の高水準」とも表記している。

　前者は、1998年度に全国の公立・私立高等学校を中退した生徒の割合は、
2.6%と過去最高の値となったが、文部省の実施した調査でわかった。中
退した生徒の数は、11万1372人と1998年度から100余人減ったが、少
子化による生徒数減からして比率では過去最高となって3年連続して11
万台を記録していることがわかる。学年別では、1年生の中退率が高い。

　また、日本放送協会が行った高校の校長への取材のなかに、「……『茶髪』
を指導すると直ぐに学校をやめてしまうし、『携帯電話』の所持を注意し
ただけでも退学する。もう少し中学校で、しっかりとした指導をお願いし
ておきたいことですね。」という意見があった。高等学校現場の実態が窺
いみられる。

　後者は、文部省が1998年度の生徒指導上の諸問題の現状調査でわかっ
たことだが、1998年度に自死にいたった全国の公立小・中・高等学校の
児童生徒は192人で、1997年度より59人、約44%の増加となる。少子
化が進むなか、ここ10年余りで最悪の人数で、小学生は減少したものの、
中学生は69人（1名はいじめが原因）と1997年度より28人増えて68%
の増加率なった。

　これに対して、この当時、尾木直樹は「自殺について、いじめが原因というのがほとんどないのは、学校や教育委員会が責任を問われるため、認めたがらないのが大きいのではないか」[6]と指摘している。また、小田晋は、「社会の秩序の乱れ、社会の規範が空洞化すると、自殺者は増える傾向にある」と指摘したうえで、「学校で教師がいじめ問題に手も足も出せなくなり、目を背けるようになったことで、いじめが一般化している。中高生たちは自分自身を追いつめ、自己嫌悪に陥って自殺するケースが多いのではないか」[7]と述べる。これらについては後述する。

3　教育行為の説明応答責任

　学校化社会の今日、地域社会総体が「学校依存」にあり、一方で「学校批判」が交差していることは前述のとおりである。子ども、親、学校の教員がそれぞれ人間として権利を享有し、あるいは職能としての権利を有していることは当然のことといえる。

　そこで、教育情報の公開や開示の動きに応じて、まさしく公の施設（造営物）である学校は、その設置目的からの責任を問わることとなる。教育の専門家である「教員」（教育公務員〈準専門職〉、教育公務員特例法第1条総則の第2条の定義による、学長・校園長・教員・専門的教育職員）は、生徒指導の領域に限っても、教育的配慮や言動、児童生徒や保護者に対する指導や支援・援助について、その結果における責任、また応答、弁明、説明されうることで、その意味やエビデンスが求められることとなる。

　この結果、弁明、応答、説明責任は、アメリカ合衆国では教員のアカウンタビリティ（accountability）として、公立学校それ自体や教員個々の評価にも及んでおり、これらは日本においても教員養成審議会や教師教育

　6　尾木直樹（1999）『毎日新聞』（第42060号）1999年12月16日朝刊（大阪本社14版）毎日新聞大阪本社、1頁。

　7　小田晋（1999）『産経新聞』（第20533号）1999年12月16日朝刊（大阪本社14版）産業経済新聞大阪本社、25頁。

24

に関する研究等で研究が進み、また都道府県の段階においても「教育改革プロジェクト」による動き出しがみられる。

4　裁判例と「校則の見直し」

　1980年代以降、教育裁判の特徴は、学校の教育活動による児童生徒の人間の権利侵害の救済を求める教育裁判や子どもの人間としての権利に関する裁判例が質や量ともに急増して表出してきた。

　1990年代以降、新たに登場した裁判例は、学校や教育機関に独占されていて当事者本人にも開示されない教育個人情報の開示を求める内容である。

　このように教育の裁判例も教育是正に影響し、特に一連のいわゆる「校則」訴訟の発端をなし、公立中学校の生徒指導の在り方に対して全国的な影響となった「中学校丸刈り校則裁判」（1985年11月13日熊本地裁判決）以後、当時の文部省は、校則の基準づくりは適当でないとしながらも、1988年に「都道府県教育委員会初等中等教育担当課長会議」において、校則の見直しを促した。これについては、第6章第1節で述べる。

　そして、1991年4月10日に「校則の見直し状況等の調査結果について」、別添で、1991年3月20日付け「日常の生徒指導のあり方に関する調査研究報告」（全日本中学校校長会・全国高等学校長協会に委託）を通知するに及んだ。

　ところが、学校の生徒規範や規則を巡るトラブルは、この間も絶えず、司法においても地方裁判所、高等裁判所の裁判例が示された。そして、ようやく1996年に「兵庫県、市立中学校生徒心得抗告訴訟」により、最高裁の判断をみた。

　その後、1998年9月22日付けで「校則見直し状況等の調査結果について（通知）」を各都道府県教育委員会宛てに通知するにいたっている。

　また、当時の文部省は、1999年度『教育白書（平成11年度版）』で、

　8　1999年7月開催の日本教育経営学会（名古屋大学）同テーマを3年間継続してグループ研究（代表、京都教育大学の堀内孜）、その他、現代教職研究会編（1989）『教師教育に関する研究』多賀出版。

1997 年度にも上記の委託調査を実施して、それを受けて「各学校におけ
る校則及び校則指導が適切なものになるよう、都道府県教育委員会等に対
して通知した」と述べている。

　以上、まず教育改革と現実社会との関係、次に子どもの脱学校化傾向に
ついて、さらに教育行為の説明・応答責任について、裁判例や「校則の見
直し」が問題の所在である。

Ⅳ　研究の目的と意義

1　目的

　今日の学校教育における「学校の内部規範としての生徒規則」の策定に
かかわり、生徒はもちろん、教員、保護者、地域社会（関係諸機関・団体
を含む）の相互の了解によって、個人の尊厳や人間としての権利の尊重に
立った学校教育の観点に基づいた「生徒指導」(guidance and counseling)
の機能として、その妥当な方法の開発が目的である。

　そこで、「生徒指導」とは何か、という生徒指導の定義が問われる。後
述もするが、法的拘束力を有す学習指導要領（平成 10 年 12 月 14 日告示
第 176 号）で謳われる生徒指導と進路指導にかかわる「ガイダンス機能の
充実」において、その生徒指導の機能が把握できる。2002（平成 14）年 4
月 1 日施行された同学習指導要領では、「ガイダンス」について次のよう
に示されているため、資料として掲げる。

　　生徒の自己指導力の育成と人格の健全な発達を目指す生徒指導におい
　　て、特に生徒のよりよい適応や選択にかかわる、集団場面を中心とす
　　る指導・援助であり、生徒一人一人の可能性を最大限に開発しようと

　9　文部省編（1999）『平成 11 年度 我が国の文教政策──進む「教育改革」』大蔵省
印刷局、258 頁。これについては、1998（平成 10）年度まで発刊の『我が国の文教政策』
（教育白書）には記載がない。

するものである。

具体的には、生徒の学級・学校生活への適応や好ましい人間関係の形成、学業や進路等における選択及び自己の生き方などに関して、学校が計画的、組織的に行う、情報提供や案内、説明及びそれらに基づいて行われる学習や活動などある。

したがって、ガイダンスの機能を充実するための工夫とは、ガイダンスの個々の活動について、ねらいを持ち、その実現のために、これまでよりも適時に、適切な場を設け、よりよい内容・方法で実施するよう改善を図ることであり、また、そのための計画を立て、教師の共通理解と協力により、その効果を高めるようにすることである。[10]

2　意義

前節の問題の背景や所在でも述べてきたが、学校内外における生活の規範指導[11]が社会から管理教育の代名詞のように批判を受ける背景に、児童

10　大蔵省印刷局編（1998）「総則」『中学校学習指導要領（平成10年12月）』大蔵省印刷局、4-5頁。文部省は、この2002（平成14）年4月1日施行する学習指導要領の総則で、第6「指導計画の作成等に当たって配慮すべき事項」の2において、「以上のほか、次の事項に配慮するものとする」の（3）に示されるように、「教師と生徒の信頼関係及び生徒相互の好ましい人間関係を育てるとともに生徒理解を深め、生徒が自主的に判断、行動し積極的に自己を生かしていくことができるよう、生徒指導の充実を図ること」と示した。その後の（5）に示される「生徒が学校や学級での生活によりよく適応するとともに、現在及び将来の生い立ちを考え行動する態度や能力を育成することができるよう、学校の教育活動全体を通して、ガイダンスの機能の充実を図ること」と、当時はカウンセリングの語を用いず、「ガイダンス機能の充実」と示されていた。
　文部省（1999）『中学校学習指導要領（平成10年12月）解説 特別活動編』ぎょうせい、80-85頁。[2. 生徒指導の充実と教育相談]、あるいは [3. ガイダンス機能の充実] という解説にも上記と同じ趣旨のことが示されている。
　11　秦政春・NHK教育プロジェクト（1992）『公立中学校はこれでよいのか』日本放送協会。森山昭雄編（1992）『全国縦断 丸刈り強制イヤです！』風媒社。芹沢俊介（1998）『子どもの「悲鳴」にどう向き合うか』ボーダーインク。渡辺和恵（1997）『子どもの事件簿——お母さん弁護士がんばる』フォーラム・A。外山恒一・はやしたけし（1990）『校門を閉めたのは教師か——神戸高塚高校正門圧死事件』駒草出版。田中孝彦編(1999)「こんな中学校に変えよう」大月書店。

生徒に対する教師側の事務的で形式的な指導方法や教師による体罰なども招き、その悪影響として児童生徒の暴力行為やいじめ加害の心理的な誘発要因ともなっているという指摘もある。[12]

　また、これらを証明するかのように、急増した校内暴力の背後にも「遅刻や服装・髪の毛を注意されたから……」とそれを誘発する要因がみられる。

　批准から時間を要し、ようやく 1994 年 5 月に日本国内で発効した「子どもの権利に関する条約」や 1995 年から 2005 年の「国連人権教育の 10 年」も視野に入れていたと思われる。

　前述の教育情報公開・開示に伴い、まさに公共の施設（営造物）である学校はその設置目的から、加えて準専門職である教育公務員は、生徒指導に限っても当然アカウンタビリティにおいて、教育的配慮行為の根拠・意義・評価を求められよう。

　そこで、本書の意義を考えるとき、児童生徒の人間としての権利の保障のためにも、教員文化の悪しき部分に焦点を当てる必要がある。この妥当でない教員集団が醸し出す組織文化の改善がなければ、学校における規範指導の問題解決とはならないだろう。

　教員の教育指導や規範指導は、生徒・保護者を理解し「受容」することと、教育指導として「要求」することのあいだで葛藤し、恒常的に苛まれている現状にある。生徒指導の領域を運用において最も難解かつ憂慮される事象は、生徒の「服装」「髪型」「所持品」にかかわるような生徒規則の指導方法である。

　これらの事象を視野に入れながら、具体的な意義としては、次のように考えられる。

　(1) 生徒の「自己指導能力」育成を目指すことから、生徒の「意見表明」
　　　能力を育むことと同時に、「自治」能力を育む機会が準備できる。
　(2) 生徒の人間としての尊厳や基本的な権利の実現に向けた開発的な生

12　日本弁護士会編（1995）『いじめ問題ハンドブック——学校に子どもの人権を』こうち書房、22-23 頁。

徒指導の推進に貢献できる。

(3) 教員が行う肥大化した規範指導の本質的な範囲の確立や指導方法について方向性を示すことができる。

(4) 上述の実現によって、生徒や保護者と学校との積極的な関係を形成して新しい学校文化を築くことができる。

(5) 生徒指導の規範指導を法制論として、教育経営の視点から捉え再定義に挑戦してみる。

3　方法

公立学校の現状から、本来の学校教育の内部の在り方を探るために、「教育についての社会学的な考察は、教育を教育それ自身に内部においてのみとらえようとする思想を無力にしている[13]」という示唆を意識しながら教育法社会学の方法を借りる。

そのうえで、次の観点から学校の内部規範である生徒規範に関連した資料を用いて検討を加える。

(1) 生徒規範に関する言説。

(2) 生徒規範に関する裁判例分析。

(3) 生徒手帳の内容分析。

V　基本的な概念の確認

1　教育の目的

先にも述べたが憲法第 26 条第 1 項は、「すべて国民は……その能力に応じて、ひとしく教育を受ける権利を有する」と謳っている。これを実現するため、教育に関する基本法として教育基本法がある。このように考えると、教育基本法は教育界の憲法と表現してもよい。つまり、憲法は第 26

13　勝田守一（1970）『教育と教育学』岩波書店、158 頁。

条以外、教育にかかわる内容は何も謳っていない。

　本書の時代背景から、改正される前の教育基本法(1947 年 3 月 31 日施行)である旧教基法（全 11 条）を以下に示す。また、附録として後の資料にも収録した。特に、同法第 1 条の「教育の目的」に注目してほしい。後に改正されるが、「教育の目的」について大きな変更はないとみてよい。

　　われらは、さきに、日本国憲法を確定し、民主的で文化的な国家を建設して、世界の平和と人類の福祉に貢献しようとする決意を示した。この理想の実現は、根本において教育の力にまつべきものである。

　　われらは、個人の尊厳を重んじ、真理と平和を希求する人間の育成を期するとともに、普遍的にしてしかも個性ゆたかな文化の創造をめざす教育を普及徹底しなければならない。

　　ここに、日本国憲法の精神に則り、教育の目的を明示して、新しい日本の教育の基本を確立するため、この法律を制定する。

　第 1 条（教育の目的）

　　教育は、人格の完成をめざし、平和的な国家及び社会の形成者として、真理と正義を愛し、個人の価値をたつとび、勤労と責任を重んじ、自主的精神に充ちた心身ともに健康な国民の育成を期して行われなければならない。

　第 2 条（教育の方針）

　　教育の目的は、あらゆる機会に、あらゆる場所において実現されなければならない。この目的を達成するためには、学問の自由を尊重し、実際生活に即し、自発的精神を養い、自他の敬愛と協力によつて、文化の創造と発展に貢献するように努めなければならない。

　第 3 条（教育の機会均等）

　　[1]　すべて国民は、ひとしく、その能力に応ずる教育を受ける機会を与えられなければならないものであつて、人種、信条、性別、社会的身分、経済的地位又は門地によつて、教育上差別されない。

　　[2]　国及び地方公共団体は、能力があるにもかかわらず、経済的理由

によつて修学困難な者に対して、奨学の方法を講じなければならない。

第4条（義務教育）

[1] 国民は、その保護する子女に、九年の普通教育を受けさせる義務を負う。

[2] 国又は地方公共団体の設置する学校における義務教育については、授業料は、これを徴収しない。

第5条（男女共学）

男女は、互に敬重し、協力し合わなければならないものであつて、教育上男女の共学は、認められなければならない。

第6条（学校教育）

[1] 法律に定める学校は、公の性質をもつものであつて、国又は地方公共団体の外、法律に定める法人のみが、これを設置することができる。

[2] 法律に定める学校の教員は、全体の奉仕者であつて、自己の使命を自覚し、その職責の遂行に努めなければならない。このためには、教員の身分は、尊重され、その待遇の適正が、期せられなければならない。

第7条（社会教育）

[1] 家庭教育及び勤労の場所その他社会において行われる教育は、国及び地方公共団体によつて奨励されなければならない。

[2] 国及び地方公共団体は、図書館、博物館、公民館等の施設の設置、学校の施設の利用その他適当な方法によつて教育の目的の実現に努めなければならない。

第8条（政治教育）

[1] 良識ある公民たるに必要な政治的教養は、教育上これを尊重しなければならない。

[2] 法律に定める学校は、特定の政党を支持し、又はこれに反対するための政治教育その他政治的活動をしてはならない。

第 9 条（宗教教育）

[1] 宗教に関する寛容の態度及び宗教の社会生活における地位は、教育上これを尊重しなければならない。

[2] 国及び地方公共団体が設置する学校は、特定の宗教のための宗教教育その他宗教的活動をしてはならない。

第 10 条（教育行政）

[1] 教育は、不当な支配に服することなく、国民全体に対し直接に責任を負つて行われるべきものである。

[2] 教育行政は、この自覚のもとに、教育の目的を遂行するに必要な諸条件の整備確立を目標として行われなければならない。

第 11 条（補則）

以下、省略[14]。

　ここに謳われる教育の目的は、「教育は、人格の完成をめざし、……社会の形成者として、……心身ともに健康な国民の育成を期して行われなければならない」とされていた。

　つまり、教育の目的を極端に要約すれば、教育は、一個人の「人格の完成をめざし」て、「社会の形成者として（の）……国民の育成を期して行われなければならない」である。

　旧教基法は改正され、2006（平成 18）年 12 月 22 日施行されることとなる。人格の完成を目指すことと、社会の形成者を育成することには改正はみられない。しかし、社会の形成者としての「資質」という言葉が教育の法律用語として初めてここで登場する。

　後に、中学校学習指導要領（平成 29 年告示）[15]で、道徳科以外において頻繁に用いられる"competency"の訳語「資質・能力」は、この資質とみ

14　平井宜雄・青山善充・菅野和夫編代（1999）「教育基本法」『小六法平成 12 年版』有斐閣、845 頁。解説教育六法編修委員会（1999）「教育基本法」『解説教育六法 1999 平成 11 年版』三省堂、34-46 頁。

15　文部科学省（2018）『中学校学習指導要領（平成 29 年告示）』東山書房。

てよい。このことは、小学校や高等学校学習指導要領[16]、また幼児教育の[17]それ[18]において同様のことがいえる。

つまり、憲法第 26 条第 1 項の「能力」、改正教育基本法第 5 条第 2 項の「能力」、同法第 1 条の「資質」、同法第 5 条第 2 項の「資質」が、その後の教育改革に活用されているとみられる。

教育基本法（全 18 条）は、旧教基法に、教育の目標、生涯学習の理念、私立学校、教員、家庭教育、幼児教育、学校・家庭・地域住民等の相互連携協力、教育振興基本計画が加えられて今日にある。

同法第 5 条は、義務教育を謳ったものであり、同法第 10 条は家庭教育を謳った新たな条文であるが、この関係性が本書のテーマにかかわって今後どのように捉えていくか、課題となりそうだ。

つまり、社会の形成者の育成は義務教育において、学校において行うというロジックが浮上してくる。従前からそうではないか、という指摘もあろう。また「社会の形成者の育成」をどのように理解するかにもよる。さらにあくまでも「目的」といえばそれまでだが、しかし、小中学校や義務教育学校などで「各個人の有する能力を伸ばしつつ」「社会の形成者として必要とされる基本的な資質を養う」ことが、本当のところ実践できているのだろうか。人々の関係性や現代社会の移り変わりからすれば少々捉え直しが必要である。

2 「公立学校」の定義

日本最初の公立学校は、1868（明治元）年 10 月に小学校設置の趣旨を諭達して 1869 年 2 月から学校が設置された京都府番町の京都小学校、あるいは 1868 年 12 月に開校した沼津兵学校附属小学校と伝わっている。しかし、京都小学校が開設される 4 カ月前、沼津兵学校附属小学校が開設さ

16　文部科学省（2018）『小学校学習指導要領（平成 29 年告示）』東洋館出版社。

17　文部科学省（2019）『高等学校学習指導要領（平成 30 年告示）』東山書房。

18　—（2017）『平成 29 年告示 幼稚園教育領 保育所保育指針 幼保連携型認定こども園教育・保育要領〈原本〉』チャイルド本社。

れる 2 カ月前の明治元年 10 月 1 日（年号が「慶応」から「明治」へと変更された日）に柏崎県庁が公式に公認した小学校が存在する。柏崎県小千谷民生局立小千谷校・振徳館（新潟県小千谷市立小千谷小学校）であるという説[19]もある。

　確かに、日本の官公立学校の校内規程が明治時代に作成してきたことは教育法学や教育経営学において、たとえば 1890（明治 23）年に文学社より刊行された峰是三郎著『学校管理法』、また 1894（明治 27）年に文学社から出版された広瀬吉彌著『学校管理法』という校規論、校則論などによって明らかである。

　これは、1872（明治 5）年、「学制」の施行と同時に作成、整備されたものではなく、その存在が明確になってくるのは、官公立学校が校長職の確立、職務権限規則の整備などによって、内部管理の形態を整え始める明治 20 年代後半頃からである。そして、明治中期から後期にかけて、官公立学校と生徒との在学関係にかかわり、心得的な内容も有している学校内部規定や校内規程、つまり「校規」の一部として、児童生徒の学校生活や学習活動の規範的統制のための「生徒試業規則」「生徒訓戒規則」「生徒心得」の構造を明らかとした研究もある。本書の範囲を超えるため、現憲法下で考えていく。

　本書における「公立学校」とは、学校教育法の第 1 条が定める学校であり、いわゆる「1 条校」を範囲とする。

Ⅵ　生徒指導の射程

　日本生徒指導学会は、「生徒指導」を "Guidance and Counseling" と英語表記している。日本の社会でもこの訳語が通説とみてよい。

　生徒指導は学校における学習指導と両輪であるとよく表現されるが、生

19　佐藤学（1997）「明治元年創設の公立学校」藤田英典・黒崎勲・片桐芳雄・佐藤学編『教育史像の再構築』世織書房、336-338 頁。

34

徒指導とは、本来のどのような意味なのだろうか。どうして児童指導や児童生徒指導とは表現しないのだろうか。また、実際は、どのような捉えられかたをされているのだろうか。

1 生徒指導と生活指導

公立学校における生徒指導を考えるとき、市民（citizen）育成のために公が行う学校教育であるが、その公の学校教育に携わる教員養成は、教育大学または教職課程を併せもつ高等教育機関で行う。生徒指導に関連する教職科目である「生徒指導論」や「生徒指導・進路指導論」等は、教育職員免許状取得に欠かせない。加えて、この科目は学校教育の現場に対応した総合的な科目と表現してもよかろう。

これに関連する当時の最新テキストをみてみたい[20]。このテキストの「生徒指導の意義と役割」のところに、「生活指導は、単なる生活習慣のしつけという考え方よりも、個人の発達にかかわる教育という広い見方、考え方で捉えるべき課題である[21]」と述べている。ここに、「生活指導」という表現があるが、この用語は1955（昭和30）年頃から日本で様々な意味で使われてきた。たとえば、

(1)「しつけ」による社会的な生活習慣の形成

しつけの指導は、社会のなかで一定の行動様式としてでき上がっている生活様式を教え込む。

生活指導としては、ある種の意味をもち、幼稚園や小学校では広く実践されている。

(2)「特別活動」による自主的で社会的な生活態度と生活技術の形成

特別活動は、自発的、自主的、そして社会性を伸長するように、一人ひとりが大切にされる集団活動によって展開される。

児童生徒の日常における生活上の諸問題を解決するため、同年齢集団（学

---

20 楠本恭久編（1999）『生徒指導論12講』福村出版。
21 篠田輝子（1999）「生徒指導の意義と役割」同上書、10頁。

年や学級活動、班活動）や異年齢集団（児童会・生徒会、全校）において
話し合い活動など、小学校や中高等学校で実践されている。

(3)「ガイダンスとカウンセリング」による個人や集団の問題への指導

　アメリカ合衆国のガイダンス理論により、一人ひとりの個性が大切にさ
れ、一人ひとりを十分に理解して、児童生徒が自己指導能力を伸長するよ
う集団指導や個別指導を実践されている。

　個別指導は、カウンセリングとも表現され情緒的に混乱した児童生徒へ
のアプローチとして有効とされてはいる。

(4)「生活綴り方の手法」による学級づくりを中心とした集団指導による 　　生き方の指導

　学級づくり論としての生活指導は、生活綴り方運動を源として、児童生
徒の日常生活のなかにある封建的な人間的な葛藤の対立から解放して、す
べての児童生徒のなかにある人間的な欲求を育てる。

　まず、学級内のいろいろな事柄に児童生徒が対決して、人間として認め
合える学級を創りあげていく指導がなされてきた。

(5)「集団主義の指導」による規律と組織のなかでの変革的な人間形成

　ロシア連邦共和国や中華人民共和国で実践されている集団主義指導の原
理と方法を用いて、児童生徒の手によって組織化された共同生活のなかで、
厳しい相互批判と温かい励ましによって、学級が集団の共通目標に向かっ
ていくように指導する生活指導。

学級づくり生活指導

　特に（4）においては、教育実践を通じて、「生活を綴ること」と「生活
指導」が完全に結びつき、生活綴り方による生活指導として「学級づくり
生活指導」の過程が明白にされてきた。つまり、

　① 学級のなかで、何でも言える情緒的許容の雰囲気をつくること。

　② 生活を綴る営みを通して、一人ひとりの児童生徒の真実を発言させ
　　 ること。

　③ 一人の問題をみんなの問題にすることによって、仲間意識を確立し

　ていった。

　そして、次のように「学級づくり生活指導」は定義された。

　「生活指導とは、一人ひとりの子どもの現実に即して、彼らが人間らしく生き方を営むことができるように援助することである。さらにくわしくは、生活指導とは、教師が子どもたちと親密な人間関係を結び、一人ひとりの子どもが現実に日々の生活の中で営んでいるものの見方、考え方、感じ方ならびにそれらに支えられた行動の仕方を理解し、そのような理解をその子どもたち自身、ならびに彼ら相互のものにすることによって、豊かな人間理解に基づく集団を築きあげ、その活動への積極的参加の中で、一人ひとりの生き方を（生活認識と生活実践の双方を切り離さず統一的に）より価値の高いものに引きあげていく教師の仕事[22]」と定められて、日本教職員組合の賛同もあり、日本各地で展開されることとなった。

ガイダンス的生活指導

　このような「学級づくり生活指導」に対して、前述の（3）にあたるガイダンスの考え方を取り入れた生活指導は、次のように主張した。

　生活指導は、児童生徒一人ひとりの個性をよく理解し、また児童生徒自身にも、社会との関連において自分というものをよく理解させて、社会の自我の実現は個人的に喜びをもたらすとともに、社会の福祉にも寄与することととなる。

　さらに、「生活指導の目的は端的にいえば、民主的な人間の形成であるが、これを分節的に述べれば次のような目標を挙げることができる。

　（1）生活指導は、人間の尊厳の自覚をめざして、自他のすべての人間を手段として扱うことなく、常に目的自身として扱う態度の形成を援助することである。

　（2）個人の尊厳的存在であり、それぞれ内在的価値をもっているが、個人はまた特定の社会の一員として生活している社会的存在であり、

22　宮坂哲文（1959）『生活指導と道徳教育』明治図書、23頁。

その限りにおいて、個人の自我の実現は全くの自由ではなくて、その社会において認められている価値や社会の福祉の線に沿うものでなければならない。

(3) 生活指導は全人として、子どもの考え方の上に立ち、知識、技能、情緒、興味、習慣、態度、理想など人格のすべての様相にわたって健全な発達を遂げ、かつ、これからの統合が高められるように助成することを目標とする。

(4) 生活指導は自主的な人格の育成を目的とするから、自己指導、自己評価の態度や能力の発達を助成することを目標とする。

(5) 生活指導は、個人がその行動や人格を変えることを助けることだけでなく、その環境の構造を変えることを援助することも、その目標とする。[23]」

この生活指導の方法は、二つに大別される。その一つは、「個別指導」であり、もう一つは「集団指導」である。

個別指導は、教員と児童生徒が互いに接し合って、ときには児童生徒の側からの相談に応じ、ときには教員の側から特に個人に即する指導を与える方法、一般的にいえば面接であり、相談・助言である。

集団指導は、集団生活を通じて、個人を生かすことを目的としているのであり、究極的には個人を対象とするのであって、集団はその手段にすぎない。

個別指導と集団指導とは、指導の場面や方法の違いこそあれ、結局のところは、個人の指導である。そのねらいは、前に挙げた教育基本法が謳う、いずれも民主的な社会人としての個人の育成にあるといえる。このような生活指導が「学級づくりの生徒指導」と並列で主唱された。

当時の文部省は、この「ガイダンス的生活指導」の拡張と充実のために、1956（昭和31）年に全国を東部・中部・西部の3地区に区分して、生活指導研究協議会を主催した。

23　沢田慶輔（1958）『講座・生活指導の心理』牧書店、13-20 頁。

そして、1958（昭和33）年に「道徳」の時間が特設された。この「道徳」の時間に反対して、教育課程のすべての領域で生活指導を行うこと、そのことが道徳教育でもあるとする前述の「学級づくり生活指導」は、同じ日本教職員組合の研究集会のなかで、次のような強烈な批判を受けた。それは、「情緒的なものだけでつながっている集団は、大事にぶつかるともろくもくずれてしまう。もっと見通しをもった指導が必要だ。**学級のきまりの確立**のなかでこそ、自由な解放された子どもが育っていくのだ」[24]という趣旨であった。きまりの決め方が明らかにされていないが、新しい市民社会の創造に向けた的確な指摘といえる。

集団主義的生活指導

前項の主張によって、何でも言える雰囲気づくりという「情緒的解放」から「規律」へというロジックで従前の「学級づくり生活指導」は、批判を受けることとなる。

「規則」を生み出し、「規則」を確かめていく児童生徒の生活が保障されてこそ、集団の自覚的規律が生み出されると主張して、「相互批判」や「仲間はずし」の方法が発表された。

日本教職員組合は、「この仲間はずしは、管理的学級経営に対抗するためでなく、それから発展していくためにあり、また、仲間集団の発展させるためにある。仲間はずしは、相互理解、相互批判をとおして生活指導の機能を高めてきた集団が、集団として個人に規律を要求する実践である。したがって、仲間はずしは、きびしくとも画一的になされるべきでなく、子どもの集団づくりの創意のもとに展開していくべきである」[25]と説いた。

上記の集団主義教育の考え方は、ソビエト連邦当時のマカレンコの集団主義教育の影響を多分に受けたものであり、集団づくりの筋道なども、ほとんど同一とみられる。

---

24 日本教職員組合編（1958）『日本の教育』第7集、国土社、288頁。文中のゴシック体表記「学級のきまりの確立」は筆者によるもの。
25 日本教職員組合編（1959）『日本の教育』第8集、国土社、247頁。

　1960（昭和 35）年に、この集団主義教育による生活指導、すなわち「学級集団づくり」の発展筋道がはっきり提出され、これ以後、日本教職員組合の教育研究集会での生活指導の実践報告の中心を占めるようになった。

(1) 学級内小集団である班のまとまりと行動が外的な力（主として教員の威厳）に支えられている段階、すなわち、寄り合い的な班の段階。

(2) 前項（1）の段階の班である寄り合い的な班のなかで認められて、生まれてきた活動家が、指導者としての自覚と責任をもった集団の中核として、自主的に自分の班を組織し、指導できる段階。すなわち、前期の班の段階。

(3) 前期の班の段階で、班内で育ってきた集団討議の厳しさが、活動家（核）の権威を支え、班の団結、行動、意志を生み出してくる段階。すなわち、後期の班の段階。

以上のような集団づくりの筋道をつくった。

　この班は、学級づくり生活指導（生活綴り方運動の手法を取り入れている）が主唱した情緒的解放の結果をもとにつくられた班ではなく、最初から情緒的な解放のための児童生徒の側からの武器になるという意味から、「はじめに班ありき」の考えをとった。そして、寄り集まりの児童生徒を一つのまとまったスタイルと意志をもった集団に組織していく方法として、①「班づくり」、②「核づくり」、③「討議づくり」という 3 つの方法を用いた。

　この「集団主義的生活指導」は、次のように規定されている。つまり、「個々の子ども及び子ども集団の現実に直接的にはたらきかけ、彼ら自身が自己をふくめた環境（集団）を、民主主義的原理にたって変革的に形成しうる能動的な集団的、組織的態度、能力を獲得するように導く仕事であり、それによって、人格の全面発達を可能にする独自の道をひらき、教科指導の固有な任務とあいまって、学校教育の基本的目標達成に寄与すべき教育作用である[26]」とされた。

26　宮坂哲文（1962）『生活指導の基礎理論』誠信書房。

　先述の「学級づくり生活指導」や「集団主義的生活指導」と比べて、「ガイダンス的生活指導」は教育観や人間観からみると大きく違っている。それゆえに用いられる方法や技術は異なる。

　1980年代から90年代は、学級づくり生活指導と集団主義的生活指導を「生活指導」と呼称し、ガイダンス的生活指導を「生徒指導」と呼んでいる。ただし、東京都教育委員会や大阪市立中学校教育研究会生活指導部などの考え方はガイダンス的生活指導であっても、通称「生活指導」として扱っている。なお、生徒指導という用語は、「生徒の指導」がつまって「生徒指導」となったものではないからとされるが、初等教育の段階でも適用されている。

　その後、生徒指導提要に、「『生徒指導』に類似した用語に『生活指導』や『児童指導』があるが、『生活指導』は多義的に使われていることや、小学校段階から高等学校段階までの体系的な指導の観点、用語を統一した方がわかりやすいという観点から、本書では『生徒指導』としている[27]」と記して、各地域の教育実態を考慮した表現となっている。

2　「生徒指導」という用語の変遷

「生徒指導」という用語の変遷を時系列にみていきたい。

(1) 1945（昭和20）年、第二次世界大戦において、連合軍に日本が占領されて教育内容の変革を要求された。

(2) 1947（昭和22）年、アメリカ合衆国主導のアイフェルというワークショップで「ガイダンス」が講義されている。

(3) 1949（昭和24）年、文部省はガイダンスに関する現職教育のテキスト「中学校・高等学校の生徒指導」を公刊している。「ガイダンス」の訳語として「生徒指導」を文部省が使用する。

(4) 1951（昭和26）年、文部省のワークショップでは、前項と異なる「中等学校におけるカウンセリングとガイダンス」が資料となった。

27　文部科学省（2010）『生徒指導提要（平成22年3月）』教育図書、3頁。

(5) 日米講和条約が締結し、日本の独立国意識から、日本の教員の国民的自覚が高まり、ガイダンスとか、カリキュラム、コース・オブ・スタディなどのカタカナ教育用語からの脱却という気運が全国に広まった。

(6) 教師は、直訳的ガイダンスの実践から、日本的ガイダンスを求め、昭和 26 年の「山びこ学校」を一つのモデルとして、生活綴り方による生活指導が日本的形態のガイダンスとして注目された。

(7) 1956 (昭和 31) 年、昭和 30 年頃より「生活指導」という用語が学校現場に定着してきた。文部省も昭和 31 年より「生活指導」を用いて資料集『生活指導研究資料』[28]を創刊した。

(8) 1958 (昭和 33) 年、当時のソビエト連邦の集団主義を取り入れた「集団主義的生活指導」が登場し、それまでの生活綴り方の手法の「学級づくり生活指導」とともに、文部省が取り入れる「ガイダンス的生活指導」と対立する。すなわち、文部省対日本教職員組合という構図となった。

(9) 1965 (昭和 40) 年、文部省は生徒指導資料第 1 集で「生徒指導」[29]を用いた。この生徒指導資料第 1 集『生徒指導の手引き』において

28　文部省編（1956）『生活指導研究資料 I』昭和 31 年度版。
29　文部省（1965）『生徒指導資料第 1 集 生徒指導の手引き』大蔵省印刷局。文部省（1966）『生徒指導資料第 2 集 生徒指導の実践上の諸問題とその解明』大蔵省印刷局。文部省編（1969）『生徒指導資料第 5 集 生徒理解に関する諸問題』大蔵省印刷局。文部省（1970）『生徒指導資料第 6 集 学級担任による生徒指導』大蔵省印刷局。文部省（1971）『生徒指導資料第 7 集 中学校におけるカウンセリングの考え方』大蔵省印刷局。文部省（1972）『生徒指導資料第 8 集 中学校におけるカウンセリングの進め方』大蔵省印刷局。文部省編（1974）『生徒指導資料第 10 集 思春期における生徒指導上の諸問題——中学校編』大蔵省印刷局。文部省（1975）『生徒指導資料第 11 集 生徒指導の推進体制に関する諸問題——中学校編』大蔵省印刷局。文部省（1976）『生徒指導資料第 12 集 精神的な適応に関する諸問題』大蔵省印刷局。文部省（1977）『生徒指導資料第 13 集 問題行動をもつ生徒の指導——中学校編』大蔵省印刷局。文部省（1979）『生徒指導資料第 14 集 生徒の問題行動に関する基礎資料——中学校・高等学校編』大蔵省印刷局。文部省（1988）『生徒指導資料第 20 集 生徒指導研究第 14 集 生活体験や人間関係を豊かなものにする生徒指導——いきいきとした学級づくりの推進を通して（中学校・高等学校編）』大蔵省印刷局。

　文部省は、「"生活指導"という用語は現在かなり多義に使われているので本書では"生徒指導"とした」とした。

3　機能としての「生徒指導」

　これまで、生徒指導の体系的理論づくりの研究より、生徒指導の技術や方法に集中してきているのではなかろうか。

　そこで、生徒指導のいろいろな方法のあいだに対立が生じたり、目的と方法のあいだに矛盾が生じたりしていると考えられる。坂本昇一は、「生徒指導は、教育における重要な機能である[30]」と説いた。このことは、彼が「自己指導力」や「自己指導の能力」という概念を導き出すこととなるが、後に文部省もこの用語を用いる。

生徒の「自己指導能力」

　生徒指導を坂本昇一は、「一人ひとりの児童生徒の個性の伸長を図りながら、同時に社会的な資質や能力・態度を育成し、さらに将来において社会的に自己実現ができるような資質・態度を形成していくための指導・援助であり、個々の児童生徒の自己指導能力の育成を目ざすものである[31]」と示している。

　また、自己指導能力を「自己をありのままに認め（自己受容）、自己に対する洞察を深めること（自己理解）、これらを基盤に自らの追求する目標を確立し、また明確にしていくこと、そしてこの目標の達成のため、自発的、自律的に自らの行動を決断し、実行することなどが含まれる[32]」と説いた。後に、「この時、この場でどのような行動が最も適切であるか、子どもが自分で考えて、決めて、実行することができる能力[33]」とも述べている。

30　坂本昇一（1978）『生徒指導の理論と方法』文教書院。
31　坂本昇一（1990）『生徒指導の機能と方法』文教書院、16-17頁。
32　同上書。
33　坂本昇一（1998）『〈子どもの心〉を癒し育てる』小学館。

　学校教育は大きく二つの領域に分かれる。教科の指導内容にアプローチする「教科指導」とそれ以外の「教科外指導」である。

　たとえば、問題行動の指導とか、規範の維持やきまりの遵守の指導などは、「生徒指導」の領域ともいわれるが、坂本昇一はこれを間違った捉え方であるという。

　生徒指導は特定の指導内容をもたず、問題行動や規則遵守等の指導などという特定の指導内容や領域に限定されず、すべての内容・領域を指導の対象として作用する教育機能とする。[34]

　そして、生徒指導の機能論として主要なものに、

　(1)　子どもに自己決定の場を用意すること

　(2)　子どもに自己存在感を与えること

　(3)　子どもに共感的関係（出会い）を基盤にすること

　という生徒指導の機能を各教科指導、道徳指導、きまりの遵守指導、問題行動等の指導、給食指導、清掃指導、特別活動の内容指導など教育課程に、具体的な方法として作用させていくことが、生徒指導の本質であるとされてきた。

4　「生徒指導」の意義と定義

　これまで述べてきたように学校教育は、学校運営としての管理や組織、教科指導としての授業や学習、生徒指導としての生活の指導や援助という各々の機能で構成されている。これらの機能は有効に機能し合ってはじめて、務台も示唆しているように、市民的人格、開かれた国民教育、期待[35]される国民的人間像という旧教基法の意義や目標が達成されることとなる

　34　文部省（1988）前掲書。坂本昇一（1978）前掲書。坂本昇一・富山県福光町立吉江中学校（1980）『生徒指導を生かす学校行事』文教書院。静岡県藤枝市立高洲南小学校・坂本昇一（1984）『生徒指導を基にした教科指導』文教書院。静岡県藤枝市立高洲南小学校・坂本昇一（1989）『子どもに感動を与える生徒指導の実践』文教書院。また、自己指導能力に関しては、千葉県岬町立岬中学校・坂本昇一（1983）『自己指導力を高める生徒指導の実践』文教書院。これらは坂本昇一（1990）前掲書に集約されている。

　35　務台理作（1988）「教育の目的」宗像誠也編『新装版教育基本法 その意義と本質』新評論、75-90頁。

のだろう。

　この重要な生徒指導であるが、その意義について当時の文部省は図（図[36] 2-1）のように示している。

　この図からもわかるように「生徒指導」、一人ひとりの生徒の資質や特性の差異を認め、生徒個人がそれらを最大限に伸長し、生涯にわたっていきいきと、充実した生き方ができるよう、個人を対象にした援助を目的としている。このことから、当時の「生徒指導」の捉え方を次のように整理できる。

	生徒指導の意義	具体的な解説
1	個別的・発達的な教育を基礎とする。	生徒指導の対象は、発達を異にした個々一人ひとりの生徒である。
2	一人ひとりの人格の価値を尊重し、個性の伸長を図りながら、同時に社会的資質や行動を高める。	生徒は一人ひとりの人間としての価値と尊厳をもった存在である。個性の発達を図りながら、その個性が社会の進歩や発展に参加し、寄与するような行動や資質を身に付けなければならない。
3	生徒の現在の生活に即しながら、具体的、実際的な活動として進める。	抽象的・概念的な知識ではなく、実生活のなかで好ましい社会成員としての適応体験を身に付けさせる。家庭生活、校外生活での具体的な経験や体験から内面化させる。
4	すべての生徒を対象にした指導・援助である。	すべての生徒に対して積極的な心身の健康の増進や維持を目標に進められるべきものである。非行や問題行動など不適応生徒へのきめ細かな指導や援助も手厚くされなければならない。
5	総合的な活動である。	生徒のよりよい発達や生き方を指導援助することを重点に学校教育の各分野、学業指導、適応指導、道徳指導、保健指導、進学指導、社会性・公民性指導、余暇指導など統合的に進められるべきである。

【図 2-1】文部省が示す生徒指導の意義（1980-90 年代）

36　文部省（1981）『生徒指導の手引き（改訂版）』大蔵省印刷局。

　生徒指導とは、学校で個別の生徒一人ひとり全員を対象に、生徒一人ひとりを人間として尊重して、一人ひとりの生徒の自己指導能力の育成に努め、生徒が生涯にわたり自己実現が達成できるような人格形成を指導・援助する教育機能である。

　これを基底に、同年齢集団の学年や学級、異年齢集団の児童会・生徒会や全校行事等を材料に、一人ひとりの自己表現としての意見表明（当該児童生徒の成熟度に応じて配慮される。）を通して各集団のなかで合理的で民主的な自治能力の育成を図ること。そのうえで、個人へのカウンセリング、集団へのガイダンスというそれぞれの機能を用い、社会の形成者である生徒の生き方にかかわり、生徒と生徒、教師と生徒の相互関係において協働的に考え、行動していくことが予定されている。

　"Guidance and Counseling" とした生徒指導は、学校における教員の生徒に対する専門的・教育的行為として行う、生徒の自己指導能力の育成や意見表明権等の行使能力の育成する事項「個別指導・援助」と、同年齢や異年齢それぞれの「集団指導・援助」と考えられた。

Ⅶ　生徒規範にかかわる先行研究・事例

1　先行研究等

　公立中学校の生徒に関する「規範（norm）」「規律（discipline）」「規則（regularities, regulations, code, rule）」等が混在するが、1999 年時における公立中学校内部規範の研究は、次のとおりである。

(1) 兼子仁によるもの
　　① 『教育法〔新版〕法律学全集 16-Ⅰ』有斐閣、447-453 頁、1978 年（初版 1963 年）
(2) 高野桂一によるもの
　　② 「学校慣習法の教育法体系における地位——その地位と役割」『奈

良教育大学研究紀要・人文・社会科学 14 巻』奈良教育大学、1966 年

③ 「学校慣習法の法社会学的分析の課題と方法──本研究方法論の摘出過程」『奈良教育大学研究紀要・人文・社会科学 15 巻』奈良教育大学、1967 年

④ 「法社会学に関する経営学的・行政学的吟味」『奈良教育大学研究紀要・人文・社会科学 16 巻』奈良教育大学、1968 年

⑤ 「学校慣習法の法社会学──方法論序説」『法律時報（昭和 45 年 8 月号）』日本評論社、1970 年

⑥ 「序論──本研究の課題の設定と研究方法」『学校経営の科学化を志向する 学校内部規程の研究──学校慣習法学試論』明治図書、27-87 頁、1976 年

⑦ 「教育行政と教育法の社会学」日本教育法学会『講座教育法 第 1 巻』総合労働研究所、1980 年

⑧ 「経営法理論」『高野桂一著作集「学校経営の科学」第七巻』明治図書、16-18 頁、1980 年

⑨ 「教育法社会学的研究の軌跡と展望」高野桂一・中留武昭・原俊之編著『講座日本の教育経営 第 9 巻』ぎょうせい、1986 年

⑩ 『生徒規範の研究──生徒規則の法社会学的見方・考え方』ぎょうせい、1987 年

⑪ 「生徒の人権と生徒規範の研究方法」『日本教育法学会年報 第 16 号』有斐閣、1987 年

⑫ 「教育基本法と学校現場に根ざす法創造──生徒規範問題を中心にして」『日本教育法学会年報 第 17 号』有斐閣、1988 年

⑬ 『教育経営と法社会学──教育法社会学研究方法論確立のために〈教育法社会学研究〉第Ⅰ集』九州大学教育学部教育経営学研究室、76-183 頁、1988 年

⑭ 「規範の渦巻く学校現場──学校の法・倫理・宗教・仲間規範等」高野桂一編著『学校経営のための法社会学──学校現場の「生け

　　　　る法」を見直す』ぎょうせい、20-47 頁、1993 年
(3)　今橋盛勝によるもの
　　　⑮　『教育法と法社会学』三省堂、85-123 頁、1983 年
(4)　坂本秀夫によるもの
　　　⑯　『校則の研究』三一書房、1986 年
　　　⑰　『校則裁判』三一書房、1993 年
(5)　太田明によるもの
　　　⑱　「子ども・生徒論（2）――教育的配慮とパターナリズム」愛知大
　　　　　学教育判例研究会　小川利夫・安井俊夫編『現代日本の教育実践
　　　　　教育裁判判例研究』亜紀書房、135-165 頁、1995 年
(6)　篠原清昭によるもの
　　　⑲　「生徒規則の法社会学的見方・考え方」高野桂一編著『学校経営
　　　　　のための法社会学――学校現場の「生ける法」を見直す』ぎょう
　　　　　せい、262-270 頁、1993 年
(7)　中野進によるもの
　　　⑳　『在学契約上の権利と義務――「個人の尊重」を中心にすえて』
　　　　　三省堂、1999 年

　　以上、主に量的には公法学・教育法学を中心に、教育経営学・教育行政
学・教育法社会学の領域で研究が進んでいた。

2　「学校内部規定」の概念

　　高野桂一は、戦前と戦後にわたって全国的な学校内部規定について調査
を行っている。たとえば、奈良県、兵庫県の神戸市、東京都を中心に調
査した結果、明治 20（1887）年以降に「学校内部規定」の制定がみられ、
当時は「校則」という呼び方でなく、「校規」とか「内規」と呼ばれていた。
　　その「校規」は、戦前において初等・中等教育（旧制の小中学校）の違
いはなく存在していることが明らかである。特に公立の旧制中学校は、都
道府県にその数も少なく、学校単位で内部管理の細部まで行政規則として

「校則」や「学則」が言及していたため、学校内部規定（以下 学内規定）の「校規」の体系化は遅れていた。

　また、校長の管理態度は、明治期は厳正な権威型の傾向であり、大正期にはやや柔軟化したところがみられ、昭和期になると再び厳正な権威型に戻った。

　以下、その概念を4点示す。

(1) 個々の経営管理単位としての学校自体が、その経営目的等のための手段として自律的に制定し、実施する成文の規範または基準を意味する。前述したように日本では戦前から様々な名称で呼ばれてきた。広義には、

　① 行政規則そのものとしての性格をもつ「学則」や「校則」。

　② 学校自体が制定し行政の承認を受けたもの。

　③ 行政的承認にかかわりなく、学校自体が直接、自律的に制定したもの。

戦前の「校規」は、②や③に当たる。また、戦後における「学内規定」「学校運営基準」「学校運営規程」、成文の「申し合わせ」等は後者の③のみを意味している。ただし、②の学校自体が制定し行政に届け出て承認を受ける意味の「学則」や「校則」については内容的に分けにくく、③とも結びついており戦後は含めて扱っている。たとえば、戦前は「学則」や「校則」は都道府県の行政規則であったが、戦後の新制公立高等学校のそれは行政規則とは限らない。

(2) 学内規定は、その法的性格から広く学校内部社会の内部規範と総称されるもののうち、内面精神的規範としての倫理規範、成文化されない事実としての慣行、モーレス、タブー等とは区別される「生ける法」としての成文の技術規範を意味している。

(3) 学内規定は、それがいかなる名称で呼ばれようと、学校内部集団に対して何らかの強い拘束力をもつ規範であり、それからの逸脱を予定しないものでなければならない。

(4) 学内規定を種類によりカテゴリ別に分類すれば、

　　① 職員勤務関係

　　② 直接教育活動関係

　　③ 在学利用関係

　　④ 対社会関係、その他の学校関連規定等

　　であり、狭義には前の三者を意味している。

　①と②は、広くは教職員の勤務上の規範である。

　特に②は、学校活動の基幹であり、規範の中核的担い手である教員の本務であって、狭義には教育行為規範である。

　③は、学校組織体が固有にもつ児童生徒の行為規範である。

　なお、②直接教育活動関係と、③在学利用関係の規範は、教育規範そのものにかかわる領域である。

　④は、学校本来の直接的管理関係ではなく、半公式的とみられる学校関連集団としての保護者・PTA、教職員の互助組合・親睦会・教員組合、卒業生の同窓会等に関する規範である。

　学校内部規定が、他の一般企業や官庁等の組織体の企業規程・経営規程と異なる点は、それが教職員勤務関係のみならず、児童生徒という固有の成員の規範関係を含むということ。

　また、保護者・父母・PTA や地域関係団体、諸機関等の学校と密接に関係する集団との規範的かかわりを含む複雑な構造をもっていることといえる。

3　「生徒規範」に関する解説等

　辞書や資料から生徒規範にかかわる事項を調査した。その結果は概ね「校則」として説明されていることがわかる。特に少年非行の第三の波とされた時期、公立中学校に対して管理教育や校内暴力と表現されて、熊本の丸刈り裁判以降は記述事例が増えている。以下にその一例を示す。

　(1)【校則】児童・生徒を対象に、学校が制定した規則。生徒指導文書的性格のものから、拘束性の高いものまで多岐にわたる。生徒

心得。[37]

(2) 【校則】学校の規則、校規。[38]

(3) 【校則】……いわゆる校則とは、生徒心得、生徒規則などと通称
　　されるように、学校の設置認可・届出時に添付書類として学則と
　　は異なり（学校法施行規則三）、児童・生徒としての生活の指針
　　となる学習上・生活上心得るべき事項を定め、学校としての生徒
　　指導の大綱となる原則を示したものである。[39]

(4) 【校則の法的性質】……校則・生徒心得等の法的性格は、公立学
　　校の場合、従来、在学関係に基づく「特別権力関係」の行使とし
　　て説明されてきたが、近年ではこれに代えて「特殊な部分社会」
　　の決まりという形で説明されることが多い。要するに、学校とい
　　う部分社会においてはその目的を達成するために、社会良識に反
　　しない範囲で決まりをつくり、必要に応じて生徒の基本的人権に
　　関しても規制を加えることができるというわけである。……[40]

(5) 【校則】……従来、国・公立学校では在学関係に基づく特別権力関係、
　　私立学校では私法上の契約関係として説明されてきた。公立学校
　　の場合、学校は都道府県・市町村といった行政主体の設置する「公
　　の施設」（地方自治法 24）であり、この「公の施設」、従来の用
　　語でいうと造営物には、その本来の目的を達成するためにいくつ
　　かの権限が認められている。その1は利用条件の設定権、2は利
　　用対価の徴収権、3は命令権だ。「学校のきまり」は、その一つ
　　である。……[41]

(6) 【校則】その学校の教育目的を達成するために必要な共通のルー

37　新村出（1998）『広辞苑 第五版』岩波書店、905-906 頁。

38　佐竹秀雄・三省堂編集所編（1995）『デイリーコンサイス国語辞典 第2版』三省
堂、248 頁。

39　下村哲夫（1995）『定本 教育法規の解釈と運用』ぎょうせい、193 頁。

40　同上書、194 頁。

41　下村哲夫（1993）『新・生徒指導の法律学』学習研究社、61-62 頁。

42
ル

(7)　**【校則】** 学校が、在学している児童・生徒に課す規則。学校の円
滑な運営と、望ましい行動習慣の形成が目的。学則・生徒心得と
も。43

(8)　**【校則の法的性質】** 教育法的には、その違反に対し制裁が当然に
予定されているという意味で、校則を取締法規と同一視できるの
かが論点となる。有力学説は、校則を学校段階の区別なく非強制
的な生活指導基準ととらえ、校則違反を懲戒処分に直結すること
は、当該生徒に対する個別的な教育的配慮を必要とする「教育的
懲戒」としての実体をともなわず違法であるとする。44

(9)　**【校則の意味】** ……中・高等学校における校則、生徒心得等は、
生徒が充実した楽しい学校生活を送るためのものであるととも
に、その学校の教育目標を達成するために必要な共通のルールで
なければならない。したがって、生徒が校則、生徒心得等を自分
のものととらえ、自主的・自立的に学校生活を送る態度を育てる
という観点からの指導に努める必要がある。45

(10)　**【校則の意義】** 児童生徒が心身の発達過程にあること、学校が集
団生活の場であること等からいって、小・中・高等学校を通じ
て学校には一定のきまりが必要であり、したがって、校則それ
自体には意義がある。……46

(11)　**【校則】** 校則は、児童生徒が健全な学校生活を営み、より良く成
長発達していくため、各学校の責任と判断の下にそれぞれ定め

42　下村哲夫（1999）「校則の法的性質」落合恵編『全訂 生徒指導読本』教職研修総合特集№138、教育開発研究所、189頁。

43　猪口邦子・尾崎秀樹・西澤潤一・柳田邦男・養老孟司監（1997）『大事典NAVIX』講談社、897頁。

44　神田修・兼子仁編著（1999）『教育法規新辞典』北樹出版、142頁。

45　文部省（1988）「生活体験や人間関係を豊かなものとする生徒指導」『生徒指導資料第20集——中学校・高等学校編』大蔵省印刷局、193頁。

46　文部省初等中等教育局中学校課（1998）『生徒指導上の諸問題の現状と文部省の施策について（平成10年度）』大蔵省印刷局、223頁。

られている一定の決まりである。……[47]

※文部省は、この教育白書で初めて「校則」という項目を設け[48]
て対応した。

生徒指導提要

『生徒指導提要（平成22年3月）』では、第7章「生徒指導に関する法制度等」の第1節「校則」の項目を設けて、①校則の根拠法令、②校則の内容と運用として、192-193頁に示すに止まった。

『生徒指導提要（令和4年12月）』は、第3章「チーム学校による生徒指導体制」の項目に移して、「生徒指導に関する法制度等の運用体制」において「校則の運用・見直し」とし、意義と位置付け、運用、見直しについて3頁ほどで示した。ここでの新たな視点は、いわゆる「校則」を学校のホームページへ掲載し、生徒たちに考える機会を設け、校内生活の行為の主体者たちの参加意識を高めて、「校則」の改定手続きを明文化することを示した点である。

47　文部省編（1999）『平成11年度 我が国の文教政策——進む教育改革』大蔵省印刷局、258頁。

48　文部省編（1997）『平成9年度 我が国の文教政策——未来を拓く学術研究』大蔵省印刷局、252-263頁。文部省編（1998）『平成10年度 我が国の文教政策——心と体の健康とスポーツ』大蔵省印刷局、245-257頁。

第3章　生徒規則の裁判例

I　生徒心得・生徒規則の訴訟

　本章では、戦後、現行の憲法上において公立学校の生徒規則や生徒心得を対象に訴えが起き始めた1980年代から90年代にかけての裁判例を取り扱う。

　これらの裁判例をもとに、事例によって、

① だれ（原告側）が

② だれ（被告側）に対して

③ 何が原因で

④ どのような内容の訴えを起こしたか

⑤ 争点はどこか

⑥ 裁判所はどのように判示したのか

という視座から述べていく。

[1] 熊本県：玉東中学校事件

　《1985（昭和60）年11月13日判決、熊本地裁》

　　町立中学校の「丸刈り」を定めた規則について、当該学校に在籍している生徒が、その規則の無効確認と損害賠償責任を請求した。判決は却下、請求棄却。

　　中学校長が、男子生徒の頭髪を丸刈りとすべき旨を定めた校則を制定、公布したことが違憲、違法とはならないとされた。[1]

1　『判例時報』1174号、判例時報社、50-57頁。

　公立中学校の男子生徒の髪形について「丸刈、長髪禁止」と定める校則が憲法一四条、二一条、三一条に違反せず、その制定・公布につき校長に裁量権の逸脱はないとされた事件。

[2] 京都市：神川中学校事件
　　《1986（昭和61）年7月10日判決、京都地裁》
　　市立中学校の「標準服」を定めた規則等について、在籍している生徒が、規則等の無効確認と標準服着用義務の不存在確認を請求した。判決は棄却。[2]
　　標準服を着用する義務がないことの確認を求める訴えが、標準服を着用しないことによる不利益処分の確実性が極めて事前の救済を求めないことを著しく不相当とする特段の事情がないから、法律上の利益を有せず不適法であるとされた事例。

[3] 千葉県：大原中学校事件
　　《1989（平成元）年3月13日判決、千葉地裁》
　　《1989（平成元）年7月19日判決、東京高裁》
　　公立中学校の「制服」を定めた規則について、在籍生徒がその規則の無効確認と損害賠償責任を請求した。判決は、却下、請求棄却。

[4] 千葉県：バイク退学事件
　　《1987（昭和62）年10月30日判決、千葉地裁》
　　《1989（平成元）年3月1日判決、東京高裁》
　　《1991（平成3）年9月3日判決、最高裁》
　　公立高等学校が定めたバイク三ない規則について、在籍生徒が損害賠償責任を請求した。判決は請求棄却。

---

2 『判例地方自治』31号、50-51頁。

[5]　高知県：バイク停学事件
　　《1988（昭和 63）年 6 月 6 日判決、高知地裁》
　　《1990（平成 2）年 2 月 19 日判決、高松高裁》
　　公立高等学校のバイク三ない規則について、在籍生徒が損害賠償責任
　　を請求した。判決は請求棄却。

[6]　兵庫県：小野中学校事件
　　《1994（平成 6）年 4 月 27 日判決、神戸地裁》
　　《1994（平成 6）年 11 月 29 日判決、大阪高裁》
　　《1996（平成 8）年 2 月 22 日判決、最高裁》
　　公立中学校長が定めた生徒心得の諸規定「丸刈り・制服等」について、
　　同中学校の通学地域に居住している小学校在学児童らが、この規定の
　　制定行為の無効確認と取り消しを請求した。判決は、請求を棄却。抗
　　告控訴の対象となる処分に当たらないとして棄却した。

　以上のように裁判所の判断順で、公立学校の生徒規則の判例等について
整理した。日本国内では、1985（昭和 60）年より生徒規則をめぐる紛争
が表面化していることが見て取れる。

Ⅱ　公立中学校の裁判例

　本項では生徒規則裁判例について、事件の発端、背景、経緯、原告の主
張、争点などの具体的なところを判例文から分析する。
　まず、1985（昭和 60）年から表出する公立中学校を焦点に「丸刈り」「標
準服」「自転車通学禁止」「制服」「生徒心得」などの学校の諸規定に対し
て争いが起きた事件から考える。

1　熊本県玉東町立中学校（丸刈り規則）事件

　この事件は、生徒Aが昭和56年4月、入学した町立中学校で起きた。同校の校長は同月、当該校の男子生徒の髪形について「丸刈、長髪禁止」とする服装規定（以下「本件校則」という。）を制定して公布した。生徒Aは自己の信念から本件校則に従わなかったが、級友から嫌がらせを受け、また同校の校長等からも不当な仕打ちを受けたとして、両親二人と共に同校の校長に対し、本件校則の無効確認とその公示を、また生徒A単独で同校を設置した町に対し、不法行為または契約責任に基づき慰謝料として10万円の損害賠償をそれぞれ求めた。

　生徒Aとその両親の主張する違法理由は、

① 　本件規定は中学の男子生徒を住居地と性別により差別したもので、憲法第14条に違反する

② 　本件規定は、頭髪の切除を法定の手続きによらずに強制するもので、憲法第31条に違反する

③ 　本件規定は、個人の感性等の表現である髪形の自由を侵害するもので、憲法第21条に違反する

④ 　本件校則の制定は当該中学校長の裁量権を逸脱している

である。

　ところで、本訴継続中に生徒Aが同中学校を卒業したため、当該校の校長は生徒Aと両親らの原告適格を争ったが、生徒Aと両親らはなお「校則違反者」のレッテルが消えないとして本件規定の無効確認とその公示を求める訴えを維持した。

　本判決は、生徒Aとその両親らの当該中学校長に対する訴えについて、生徒Aとその両親らに、既に原告適格や訴えの利益がないとして却下し、生徒Aの設置者に対する損害賠償請求との関係で、本件規定は憲法第14条、第21条、第31条に違反せず、その制定・公布は教育上の効果について多分に疑問の余地があるが、著しく不合理であることが明らかであると断ずることはできない、そのうえで被告校長が本件校則を制定公布したこ

と自体違法とはいえない、として裁量権逸脱の主張を排斥し、生徒 A と
その両親らの請求を棄却した。

　身だしなみ、服装にかかわる訴訟となった事例としては、受刑者の丸刈
り（東京地裁、昭和 38 年 7 月 29 日判決）、ノー・ネクタイ教師に対する
解雇を権利の濫用とした（東京地裁、昭和 46 年 7 月 19 日判決）、ハイヤー
運転手が口髭を剃る義務の無いことを確認した（東京地裁、昭和 55 年 12
月 15 日）はあるが、公立中学男子生徒の丸刈りを定める校則の違法性が
争われたのは本件が初めての事例である。[3]

2　京都市立中学校（標準服等規則）事件

　この事件は、「標準服」を着用する義務がないことの確認を求める訴えが、
法律上の利益を有せず不適法であるとされた事例。

3　千葉県大原町立中学校（制服規則）事件

　この事件は、公立学校の校長が「生徒心得」に「制服」着用について定
め、在学生徒にこれを遵守するように指導しても、それが強制にわたらな
い限り違法であるとはいえないとされた事例。

4　兵庫県小野市立中学校（制服規則）事件

　最高裁（平成 8 年 2 月 22 日）判決の要旨は、次のとおりである。
　市立中学校の「中学校生徒心得」に男子生徒の頭髪は丸刈りとする旨の
定め及び生徒は外出のとき原則として制服または体操服を着用する旨の定
めを置く行為は、先述の「中学校生徒心得」が「次にかかげる心得は、大
切にして守ろう。」などの前文に続けて諸規定を掲げているものであり、
この定めに違反した場合の処分等の定めは置かれていないなど判示の事実
関係の下においては、抗告訴訟の対象となる処分に当たらない。
　内容は、兵庫県小野市に在住する原告 B1（提訴当時小学 5 年生、現在

　3　『判例タイムズ』570 号(1986)、判例タイムズ社、33-39 頁。及び Westlaw JAPAN
（新日本法規出版）を参照。一部改変、圏点は筆者によるもの。

中学 2 年生）と参加原告 B2(参加申立て当時小学 4 年生、現在中学 1 年生）、
これにその両親である参加原告 B3 と B4 が、同市立小野中学校の「中学
校生徒心得」に、男子生徒の頭髪を丸刈りとする旨の定め、生徒は外出の
とき原則として制服又は体操服を着用する旨の定めを置く行為（以下、「本
件行為」という。）は、行政処分に当たり、違憲、違法であるとして、C1
（同中学校長）と C2（同市教育委員会）を被告として、その無効確認及び
取り消しを求めた行政事件である。

　第一審（神戸地裁）は、次の二つの理由によって、本件訴えを不適法と
して、却下した。

①　校則は、学校という公の施設（地方自治法第 244 条参照）の利用関係
　を規律するための行政立法である管理規則というべきものであり、学校
　の生徒という特定の範囲にのみ向けられてはいるが、一般的・抽象的な
　性格を有し、校則等の制定によって、他の具体的行為を待たずに、生徒
　に直接具体的法的効果を生じさせるものではない。また、学校は、生徒
　の教育という設置目的を達成するために必要な事項については、法令に
　格別の規定がない場合でも校則等によりこれを規定し実施することので
　きる自律的、包括的な権能を有し、校則等は、学校という特殊な部分社
　会における自律的な法規範としての性格を有しており、それが内部規範
　にとどまる限りは、当該部分社会の自律的措置に任せるのが適切であっ
　て、裁判所が法を適用実現して紛争を解決するのは適当でないといえる
　から、抗告訴訟の対象とはならないというべきである。したがって、本
　件行為は、抗告訴訟の対象である行政庁の処分に該当しない。

②　B1 と B2 は、現に小野中学校に在学している者ではなく、他の中学
　校に進学する可能性もあるから、本件行為によって自己の権利又は法律
　上の利益を必然的に侵害されるおそれがあるとはいえず、両名ならびに
　その両親である B3 と B4 には、原告適格ないし本件行為の取消し等を
　求める法律上の利益は認められない。

　原審は、第一審判決の理由を引用したうえで、本件各定めは、生徒の
守るべき一般的な心得を示すにとどまり、それ以上、これに違反した場

合の処分など、個々の生徒に対する具体的な権利義務その他の法律効果を生ぜしめるものではなく、抗告訴訟の対象となる行政庁の処分その他公権力の行使は、特定の人に対し権利義務その他具体的な法律効果を生ずるものであることを要するから、一般的、抽象的に生徒が守るべき規律を定めるものにすぎない本件行為は、これに当たらないとして、控訴を棄却した。

　これに対して、Ｂらが上告した。

　行政事件訴訟法に基づく処分の取消訴訟及び無効確認訴訟(抗告訴訟)の対象となるのは、「行政庁の処分その他公権力の行使に当たる行為」とされている（行政事件訴訟法第3条第2項）。この行政処分の定義については、行政事件訴訟法制定によって廃止された行政事件訴訟特例法時代のものであるが、最高裁判決（昭和39年10月29日）が、公権力の主体たる国又は公共団体が行う行為のうち、その行為によって、直接国民の権利義務を形成し、又はその範囲を確定することが法律上認められているものをいうとしており、この定義は、行政事件訴訟法の解釈上も妥当するものと理解されている。

　校則や生徒心得の処分性が問題となった先例としては、熊本地裁（昭和60年11月13日）判断や京都地裁（昭和61年7月10日）判断がある。前者は、原告が中学を卒業しているから訴えの利益がないとして、処分性については判断を示さなかった。後者は、特に理由を示すことなく処分性を否定している。

　本件の「中学校生徒心得」の制定者がだれであるのかは、判決は触れていないが、教育委員会と校長らは、当該中学校長が定めたものであると主張しており、児童、保護者らは、教育委員会の権限事項であるというが、当該中学校長が定めたものであることを否定するものではないと思われる。

　ところで、学校教育法第5条は、設置者が学校を管理することとしており、同法施行規則第3条第4号、第4条は、管理者が学則を定めることを予定する規定を置いている。市立中学校の場合は、右の設置者は市である

（同法第 2 条第 1 項、地方教育行政の組織及び運営に関する法律第 30 条）。

　また、公立中学校は地方自治法第 244 条の公の施設に当たるから、その設置及び管理に関する基本事項は、「法律又はこれに基づく政令に特別の定めがあるものを除くほか」、条例で定めなければならないとされている（同法第 244 条の 2 第 1 項）。

　一方、地教行法（地方教育行政の組織及び運営に関する法律）は、第 32 条により中学校を所管する権限を教育委員会に与え、第 33 条により教育委員会は学校の管理運営の基本的事項について教育委員会規則を定めるものとしており、これらは地方自治法第 244 条の 2 の「特別の定め」に当たるものと解される。

　これらの規定からすると、通常は、条例が中学校の設置を定め、その管理運営に関する基本事項は教育委員会規則が定めることが予定されているものと思われる。そして、この管理規則において、生徒心得程度のものは、校長が定めるものとするとの委任がされることが考えられる。また、このような委任がなくても、校長は、校務をつかさどることとされており（学校教育法第 28 条第 3 項、第 40 条）、その権限の範囲内で、条例や教育委員会規則に反しない限り、校則その他の定めを置くこともあり得よう。

　なお、最高裁（昭和 49 年 7 月 19 日）判決は、大学は、国公立であると私立であると問わず、学生の教育と学術の研究を目的とする公共的な施設であり、法律に格別の規定がない場合でも、その設置目的を達成するために必要な事項を学則等により一方的に制定し、これによって在学する学生を規律する包括的権能を有するものと解すべきであると判示しており（最高裁の昭和 52 年 3 月 15 日の判断も同旨）、この理由は中学校についても当てはまるであろう。そうすると、前記のような諸規定がなくても、中学校（の設置・管理者）は、学則を定めて生徒を管理することができるのであり、前記規定は、公立学校の場合について、そのことを明文化して定めるとともに、設置者である地方公共団体内部における権限の分掌等を明らかにしたものということができる。

　本件の「中学校生徒心得」がどのような法的根拠に基づくものかは判文

上不明であるが、以上のいずれかの根拠により校長が定めたものと推測される。

　本件「中学校生徒心得」は、「次にかかげる心得は、大切にして守ろう。」などの前文に続けて、諸規定を掲げており、そのなかに、「男子の制服は、次のとおりとする。（別図参照）」としたうえで、別図に「頭髪・丸刈りとする。」との定めや、校外生活に関して、「外出のときは、制服又は体操服を着用し（公共施設又は大型店舗等を除く校区内は私服でもよい。）、……」との定めがあり、それ自体には罰則の定めはない。ただし、他の校則（たとえば懲罰規定）中に、この定めに違反する行為をしたことが懲罰事由として定められていないかどうかは、不明である。

　本件行為の処分性を判断するには、まず、上記の各定めが、生徒がこれを遵守する法的義務を負うものなのか、単に訓示的なもので、法的義務までは負わないようなものなのかが問題となる。生徒に法的義務が生じないようなものであるとすると、それだけで、本件行為は、児童らの権利義務に影響を与えるような行政処分ではないことが明らかである。

　なお、仮に本件の各定めが生徒にそれを遵守することを義務付ける趣旨のものであるとしても、その制定行為は、現在及び将来の小野中学校の生徒一般を対象とするものであり、いわゆる一般処分として、行政処分には当たらないということになろう。

　本判決は、各定めは、生徒の守るべき一般的な心得を示すにとどまり、それ以上に、個々の生徒に対する具体的な権利義務を形成するなどの法的効果を生ずるものではないとした原審の判断は首肯し得るものとした。この判断は、「中学校生徒心得」という表題、その前文及び本文の文言並びにそれらの内容が法的義務を課する趣旨のものとはみにくいこと、それ自体には罰則等の定めがないことを考慮したものと思われるが、その前提として、これらの定めが、義務教育期間中であり事理弁別能力の未熟な中学生を対象とするものであることや、生徒の希望により入学する国立又は私立の中学校ではなく市立の中学校のものであることなども考慮されているのではないかと思われる。

　なお、原判決は、いわゆる部分社会論（最高裁、昭和52年3月15日判例）を本件行為の処分性を否定する根拠に用いている。しかし、右の法理は、部分社会の内部問題は司法審査に親しまないとするものであり、処分性を否定する根拠になるかどうかには疑問がある。また、この法理は、それが部分社会の内部問題にとどまり、一般市民法秩序と直接の関係がない場合に、司法審査の対象にならないというものであるところ、本件の定めは、丸刈り（もちろん、校内だけで丸刈りにすることは不可能で、いったん丸刈りにすれば、私生活においても丸刈りを余儀なくされる。）や私生活における制服等の着用を求めるものであり、部分社会の内部問題にとどまらず、一般市民法秩序に直接関係する問題ではないかと思われる。したがって、本件行為の処分性を否定する根拠として部分社会論を用いるのは、不適当というべきであろう。本判決が、部分社会論について触れずに結論を出しているのも、そのような考え方によるものと推測される。

　なお、処分性が否定される以上、原告適格等を問題とする必要はなく、本判決は、その点については、判断を示していない。

　本判決は、公立中学校において丸刈り等に関する定めを置く行為の処分性につき判断した初めての最高裁判決であり、事例判断として参考になることから紹介する。ただ、本判決は、あくまで本件の具体的事案に即して、本件行為が行政処分に当たるかどうかについての判断のみを示したものにすぎないことに注意を要する。すなわち、学校の校則一般が生徒に遵守義務を負わせるものではないとしたものではないし、また、学校が本件のような生徒心得の定めを守るよう指導することや、さらにはその指導に従わない生徒に対して懲戒処分等を行うことを否定する趣旨を含むものでもない。それらの問題については、前掲（最高裁、昭和49年7月19日）判決等の判示に照らして、個別の事案ごとに検討すべきだろう。

　なお、児童Bらは、別訴により、小野市を被告として、

①　丸刈り及び私生活における制服着用を強制又は指導することの禁止

②　本件各定めの違憲、違法の確認

③　校長らが本件各定めに従う義務のないことの確認

　を求めたが、一、二審ともに訴えをいずれも却下し、最高裁も、本判決と同日、上告を棄却している。

　控訴審（大阪高裁、平成 7 年 6 月 28 日）判決は、前述①の訴えは、将来の給付の訴えであり、あらかじめする必要がある場合に限って訴えを提起することができる（民事訴訟法第 226 条）ところ、（児童 B1、B2 らは、小野中学校以外の中学校に進学したため、訴えを取り下げた。）は、小野中学校以外の中学校に進学する可能性もあることなどから、この必要がある場合に当たるとは認め難いとして、②の訴えは、争訟性を欠いているなどとして、また、③の訴えは、将来発生することが見込まれる義務の不存在確認請求であり、確認の利益を欠くとして、いずれも不適法であると判示している。

　上告審判決は、これらの判断の結論だけを是認したものである[4]。

Ⅲ　裁判例の分析

　これまで、1980 年初頭から 1990 年代にかけて約 20 余年間の児童生徒やその保護者ら（原告）と当該校長と設置者（被告）との争いを概観した。これらの事例の裁判所の判断、特に最高裁の判例を主として整理する。

　(1) 一般社会とは異なり、本来、内部規則であるため内部の在学関係における相互自治に委ねられている領域である。

　(2) いずれも最高裁の判例である昭和女子大学事件にみられる「特別権力関係論」と富山大学事件にみる「特殊な部分社会の自治」が、義務教育である公立中学校の事件にも強い影響がある。

　(3) 教師が生徒に「規則」と捉えた指導を行っても、一般的な「心得」を示しているに留まり、罰則規定が設定されていないこともあり、それ以上問うことができない。

4　『判例タイムズ』902 号(1996)、判例タイムズ社、51-59 頁。及び Westlaw JAPAN（新日本法規出版）を参照。一部筆者が改変、圏点は筆者によるもの。

(4) 中学校は在学期間が3年間であり、裁判の継続中に卒業してしまうため、「原告に利益なし」という理由から棄却される。

(5) 生徒規則や心得の内容が、「社会通念上合理的な範囲である」という理由から違憲とはいえないとされる。

(6) 判断の理由に、「『丸刈り』は、都市部の中学校では少ないが、郡部においては、まだ相当の学校が丸刈りの学校がある」などとして地域性により判断が異なる場合もある。

当時、町立玉東町中学校の全校生徒集会で、校長自ら、原告生徒を含む全校生徒に対し、「ここに裁判を起こした者がいる」と示し、見本の意味で例として丸刈り男子生徒を朝礼台に上げて、校長が「見事な頭じゃ」と褒めたとされている。

この校長の行為は教育者としては疑問点があるとしながら裁判所の判断は法律上の判断であり、その後は教育の専門家である教師や学校に委ねられている見解を示している。

その意味では、規範指導を行う指導の方法、また教師と生徒、教師と保護者との関係性が次の段階では問われることとなろう。

第4章 生徒規則の法的焦点

I　戦後教育裁判の変容

　戦後日本における教育裁判とその判例は、概ね10年単位にそれぞれ異なるスタイルをみせて展開してきた。

　1960（昭和35）年代は、勤評裁判（教員の勤務評定）、学テ裁判（全国学力テスト）、教科書裁判の展開が本格的になった。「教育裁判」という語ができたのも勤評裁判からであった。その特徴には、教育行政の支配に対して教育の自主性を守るという方向がみられた。

　1970（昭和45）年代に入り、学校事故に対する損賠賠償訴訟や教職員の勤務条件保障請求の訴訟など、教育の外的条件整備を要求し、被害の救済を求める教育裁判が目立ってきている。特に学校事故裁判は、教育裁判の大半を占めつつあり、学校の施設や設備、運営体制における財政的条件整備の遅れに基づく構造的事故の実態がみらる。これらは、その救済と共に本質的には事故防止の条件整備の請求を含んでいた。

　1980（昭和55）年代は、児童生徒や保護者が学校の教育的措置や生徒指導の在り方などを違憲、違法として訴え出た。校内の教育問題が新たに登場してきた。

　当時は、教育法や教育裁判の発展を通して国民・保護者のあいだに教育をめぐる権利意識が高まったうえ、日本の人間社会の問題を反映して学校教育に顕著な矛盾状況が集中的に現れてきたことが原因だという見方もされていた。

　親の教育権や生徒の学習権には、学校教員の教育権の適正な行使を要求する権利性が含まれている。これらは教育裁判の裁判例に照らしても体罰

や懲戒的生徒指導、退学処分、いじめ防止指導、厳しく細かい生徒規則、単位認定、内申書記述内容等の教務措置などが違法と判断されることもあった。[1]

II　学校利用関係諸説

国公立の学校の利用関係については、次のようないくつかの見解に分かれている現状にある。

1　特別権力関係論

国民・住民は、国・地方公共団体の一般的な支配に服する場合と、特別の法律上の原因（特別な法律上の規定や当事者の合意）に基づき公法上の特定の目的を達成するに必要な範囲内で国・地方公共団体に対して特別な権力的服従関係に立つ場合があるとし、前者が一般的権力関係であり、後者が特別権力関係としている。

一般的権力関係は、当然、国・地方公共団体と国民・住民とのあいだに存在するものであり、この関係には法治主義の原則が妥当するという特色がある。

また、特別権力関係は、法治主義の原則が妥当せず、人間としての基本権（いわゆる「基本的人権」）が一定の制約を受けるほか、内部関係では、内部規律権やその基準設定権をもつ管理者（校長）や任命権者（教育行政機関の広義の教育委員会）が有しており、法律の根拠に基づくことなく行政規則の制定が認められるなど、その自由裁量の余地が大きく、裁判所の司法審査のおよぶ範囲も限定されるという特色がある。

この特別権力関係は、営造物という法制上の公の施設について、従来の「営造物の利用関係」といわれている。つまり、国公立学校という営造物

1　兼子仁・市川須美子（1992）「教育裁判の概観──教育法の見地から」兼子仁編『教育判例百選（第三版）』別冊ジュリスト№118、有斐閣、2-11頁。

の利用関係は、入学という事実、換言して大学・高等学校にあっては利用者の任意の同意により、また義務教育学校にあっては保護者にその利用が法律上の義務として強制されることによって生じ、それぞれ特別権力関係に組み込まれることとなる。学校管理者は、利用者である学生や児童生徒に対して、教育の目的を達成するために必要な限度において、法律上の根拠なくして「校内規則」（生徒規則）を制定し、その自由を制約することができることとなる。

　この内部秩序という自律的部分の問題については、裁判所の司法審査は許されないが、退学処分のようなそれを越える問題は司法の審査が許されるものの、学校が倫理的な施設である限り、裁判所は、処分に伴う教育的裁量を尊重しなければならないとされてきた。それゆえに、校内規則である生徒規則の法的な性格は、営造物管理規則としての行政規則であるとみられた。

2　部分社会論

　この考えは、内部規律の問題として自治的な措置に任せて、必ずしも裁判によることを適当としないものである。たとえば、学校は「一般市民社会とは異なる特殊な部分社会を形成」して、その内部の問題は司法審査の対象とならないと、1977（昭和52）年判決の富山大学単位不認定等違法確認訴訟における最高裁判例（単位授与認定行為）においてされたことにみられる。

3　附合契約説

　この附合契約説は、附従契約といわれ、学校の合理的な管理・運営を図るため、学校が一方的に校則の内容をあらかじめ定め、個々の利用者がこれに附従して契約し、利用者はそれに従わなければならないという考え方である。

4 在学契約説

　これは、学校が国公立、または私立を問わず、在学関係は生徒や保護者が学校設置者と対等な立場に立って契約をすることにより成立する関係を表現している。

　日本弁護士連合会等によれば、当時、その根拠として、

(1) 今日の学校は、国公立学校といえども、それは行政が教育の条件整備の義務に基づいて設置したものであり、私立学校と同じく児童生徒など国民に対して各人が人間としての権利として教育を受ける権利を保障する場であることから、戦前のような「学校＝国家の行政目的」を行政が教育を通じて国民に強制したことと同じ目的の「公の施設」ではない。したがって、そこには営造物理論や特別権力関係論は通用しない。

(2) 学校における「生徒指導」も教育でなくてはならないし、そこには“人権”としての教育を受ける権利の保障が目的とされなければならない。現行の教育法令も、そのことを認め、そのような認識を前提にするから、生徒指導の在り方は、各学校の教育自治に委ねられるものと思われる。

と掲げている。

　そのうえで、生徒指導の在り方を決定し、それを「生徒心得」等に規定するには、各学校の教育自治の担い手のすべてである児童生徒と教職員と保護者の参加による協議機関を形成し、児童生徒の意思を尊重して校長や教職員や保護者の共同意思に基づくことが望まれる。そして、最終的な意思決定の主体は、教育に直接責任をもつ教員による職員会議であることが望ましいという。

　この意見も一つの見解としては参考となるが、職員会議が決定すべき法的根拠はないとみてよいため、実践的には問題の解決とはなりにくい。

Ⅲ　子どもの権利条約と生徒規則

"Convention on the Rights of the Child"（子どもの権利条約、児童の権利に関する条約）は、1989 年 11 月 20 日に第 44 回国連総会において全会一致で採択されたものであるが、国としての日本の批准は遅く、1994（平成 6）年 5 月 16 日公布、同月 22 日校内発効された。当初、「子ども」や「児童」の名称の課題、「18 歳未満のすべて」が子ども・児童という年齢の問題、「意見表明」と成熟年齢との関係の解釈など混乱をみせた。特に「子ども」の始期は未だに曖昧である。

これらと生徒規範にかかわっては、「表現の自由」や「意見表明権」等が強く関与してくる。

しかし、当時の文部省は平成 6 年 5 月 20 日付けで以下のような文部省事務次官通知（一部抜粋）を出した。

　　本条約第 12 条から第 16 条までの規定において、意見を表明する権利、表現の自由についての権利等の権利について認められているが、もとより学校においては、その教育目的を達成するために必要な合理的範囲内で児童生徒などに対し、指導や指示を行い、また校則を定めることができるものであること。

　　校則は、児童生徒等が健全な学校生活を営みよりよく成長発達していくための一定のきまりであり、これは学校の責任と判断において決定されるべきものであること。なお、校則は、日々の教育指導に関わるものであり、児童生徒等の実態、保護者の考え方、地域の実情等を踏まえ、より適切なものとなるよう引き続き配慮すること。

それまでの子どもの権利の重要性を説いた論調や研究[2]を置き去った通

2　永井健一・寺脇隆夫編（1990）『解説・子どもの権利条約』日本評論社。

達とも受けとれる内容である。間違ってはいないが、これでは何も進まない。つまり、「……より適切なものとなるよう」、人間である生徒個人や生徒相互の関係において規則の改正の手続きや合意を形成する実践や環境を整える必要があった。構造的にはこれまでと変わりない表現である。もっともっと、教育や校内生活の主体である生徒を信頼して前面に押し出すことが大切であったろう。これが学校の社会的な存在意義ではなかろうか。ここでいう「合理的範囲内」は、熊本の丸刈り裁判の判例文から用いられた。また、「学校の責任において」というところは当を得る表現であって、今後につながった。

　制服については、平成10（1998）年5月の国際的な「児童の権利委員会」で日本案件が審議される過程で、3人の女子高生が同会場で突如「制服反対」を訴えたが、不問に付されたのみでなく、むしろ、たしなめられ、「着るものがあるだけでも、この地までの飛行機費用があるだけでも」などの観点から、世界的には子どもの置かれている現状と日本の女子高生の願いとは見方・考え方に大きな隔たりがあった。この事件は、日本の週刊誌等でも報道された。[3]

　人間としての権利の視点や表現の自由や意見表明と、社会の実情や他者と自己との関係性など課題をみる視野の広さや深さにより、何をどう考えていくか、資料を得たのではないかと考えられる。

　一方、このことは学校教育における生徒指導の射程として、教育課程に定める「特別活動」の学級活動（ホームルーム活動）や生徒会活動（児童会活動）、自治的な取り組みや、同年齢集団や異年齢集団における合意形成という視点から重要な学習教材となろう。

3　『週刊文春』1998年6月18日号、文藝春秋。

Ⅳ　保護者の教育権と生徒規則

1　在学契約関係と保護者の教育権

在学契約関係

　保護者の教育権と国家の学校教育権を考えるときに、現行法制下において学校教育関係は、学校（国、地方公共団体）と保護者・児童生徒との法律関係（義務教育では「就学通知書」等）として、構造的にはこれらの法主体間の相互的な権利義務関係となっている。

　これを法律に基づいて結城忠がいう「教育契約[4]」関係と捉えると、私立学校における教育関係、つまり私学在学関係は、学校法人である学校設置者と保護者・児童生徒との「教育関係」に基づいている関係であるから、その意味では、国公立学校における保護者・児童生徒との在学関係に基本的に類似した関係性といってもよい。

　ところが、公立中学校は、行政組織法的に国や地方自治体の営造物・公の施設、つまり、住民の福祉を増進する目的をもってその利用に供するための施設である。これは一般の行政機関のそれとは区別された「教育機関（教育施設）」であって、本質的な属性である学校と保護者・児童生徒の関係は、私立学校と共通する。この在学関係は、公立、私立学校のあいだに差異はないとみてよい。

　また、現行法制下の公立中学校における教育活動は、生徒懲戒は教育作用の一環としての懲戒権の行使を含めて、「第一義的には児童生徒の教育を受ける権利の保障[5]」にという非権力的な営みと捉えられる。

2　公教育固有の特殊契約

　そこで、公教育の教育関係は基本的には私立学校の「教育契約」による

　4　結城忠（1994）『学校教育における親の権利』海鳴社、121 頁。
　5　同上書、19 頁。（憲法第 26 条第 1 項に基づく）

とみられるが、結城は次の3つの観点から特殊な属性である「特殊契約」
という特質を見出している。

（1）「教育契約」は、教育主権のコントロールの下に置かれているもの。

（2）「教育契約」は、「親の教育権の信託契約」という側面があること。

（3）「教育契約」は、対等当事者間の私法契約とは異なり、学校教育の
本質に起因し、一定の範囲においては「附合契約」性を帯びているこ
と。

これにより、契約法域の基幹原則である「契約自由の原則」という契約
の自由、相手方選択の自由、契約内容決定の自由、契約方法の自由を大幅
に制限することとなっている。たとえば、学校教育法第22条に則り親権
者には子どもを就学させる義務が課されており、地方公共団体や学校は、
子どもの教育を受ける権利の保障義務や教育サービスの提供義務を負う
ものであるから、互いに原則として教育契約の締結強制が法律上において
存在する。私立学校を選択する場合は別として、契約を締結するか否かの
自由はないことになる。

この契約は、住居地域を管轄する教育委員会による就学の指定によっ
て設定されている。こうして定められた就学指定は、国家の教育事務と
して本来的には教育主権作用に属しているが、公立小中学校の管理と密接
な関係のためその管理機関である市町村の教育委員会に機関委任されてい
る。

この就学校指定という法律に基づく行政処置によって親権者は子どもの
就学の同意を義務付けられていることとなっている。

前述の「教育契約」関係から、公立学校における保護者・児童生徒と学
校の教育公務員との関係では、学校内部規範である成文化された生徒規則、
その規則による権利義務関係については以下のように考えられる。

6 　結城忠（1994）『学校教育における親の権利』海鳴社、122-123頁。

7 　旧教育基本法第10条。

8 　学校教育法施行令第5条。

9 　地方自治法、別表第四の三の（一）

　公立学校は、条理上、保護者・児童生徒に対して一定範囲の包括的な権能を認容されており、教育上や学校管理運営上において必要な場合は、保護者や児童生徒の権利に配慮しながら、公立学校は契約内容を優先的に形成する権利をもっているといえる。

　公立学校のこの包括的な権能は、特別権力関係説にみるような法律から自由な学校の支配関係ではなく、第一義的には法律に明記された児童生徒の成長発達権に応えるという学校の設置目的の任務を効果的に、また合理的に達成するための手段として認められたものと理解できる。この解釈については、丸山眞男[10]が「支配と服従」で述べている以下の論考が参考となる。

　　教師と生徒という関係を考えてみよう。生徒は教師に服従するといっ
　　てもそれほどおかしくないが、逆に教師は生徒を支配するという言
　　い方はきわめて不自然にひびくであろう。生徒は多かれ少なかれ教
　　師の影響力（influence）の下に立ち、教師は生徒に対して一定の権威
　　（authority）をもっている。生徒が教師の精神的価値（知性・人格等）
　　の優越性を認めるところに、はじめて教育機能は成立するからである。
　　のみならず通常そこには権力関係（power relation）の存在すらなし
　　としない。教師は、生徒に対して一定の義務(学習義務)の履行を命じ、
　　或いは一定の行為を禁止し、そうした義務のかい怠もしくは禁止の違
　　反に対して一定の制裁（進級の停止、退学、廊下に立たせること、あ
　　る場合には―それが効果的かどうかは別として―体罰）を課する。そ
　　うした制裁の行使が教育の常態になることは教育の自殺に他ならない
　　が、このような権力関係の存在自体がアプリオリに教育目的に矛盾す
　　るわけではない。にも拘らず、一般に教師と生徒の間に支配関係が存
　　在するとは考えられないのである。

10　丸山眞男（1964）『増補版 現代政治の思想と行動』未來社、412-413 頁。

　それゆえ、この限りにおいて、あるいは教育裁判が示す「社会通念上、合理的な範囲」において、学校はたとえば校内秩序を維持させるために規則や心得などによって生徒に義務を課し、権利や自由を制限して違反者に対して教育的な懲戒を加えることが可能であるといえる。

　先の丸山に続いて、夏目漱石が[11]1914（大正3）年11月に学習院で学生に向けて行った講演「私の個人主義」の一部を次に引用する。

　　今までの論旨をかいつまんでみると
　　第一に自己の個性の発展をなしとげようと思うならば、同時に他人の個性も尊重しなければならないということ。
　　第二に自己の所有している権力を使用しようと思うならば、それに附随して義務と言うものを心得なければならないということ。
　　第三に自己の金力を示そうと願うなら、それに伴う責任を重んじなければならないということ。
　　つまり、この三ヶ条に帰着するのであります。
　　これをほかの言葉で言い直すと、いやしくも倫理的に、ある程度の修養を積んだ人でなければ、個性を発揮する価値もなし、権力を使う価値もなし、また金力を使う価値もないということになるのです。
　　それをもう一遍いい換えると、この三者を自由に享け楽しむためには、その三つのものの背後にあるべき人格の支配を受ける必要が起こってくるというのです。もし人格のないものがむやみに個性を発展しようとすると、他（ひと）を妨害する、権力を用いようとすると、濫用に流れる、金力を使おうとすれば、社会の腐敗をもたらす。
　　ずいぶん危険な現象を呈するに至るのです。
　　そうしてこの三つのものは、あなたがたが将来においてもっとも接近しやすいものであるから、あなたがたはどうしても人格のある立派な人間になっておかなくてはいけないだろうと思います。

11　夏目漱石（2001）『私の個人主義ほか』中央公論新社、253-254頁。

　この部分は、講演の後半に登場する二か条の二つ目、権力にかかわる教えである。不覚にも権力をもつということになった場合の構え（人格）の涵養を示唆してくれている。

3　保護者の教育権と教員の教育権

権利と責任（義務）の相互関係

　児童生徒に対して、本来学校はどのような役割を担い、どのような機能を果たすのか、保護者や家庭の役割との関係から検討してみたい。

　日本の学校は、近代欧米諸国の学校にみられるような、知識を伝達する機関としての教授学校とは少し異なっている。

　明治のその時以来、多種多様な役割を担った生活学校として存続してきた。日本の学校では、一般に知識教育、人格教育、道徳、価値教育などと併せて学校の生活化・社会化という現代的な要請もあり、その範囲は拡大し続けて今日にある。

　そこで、各々（おのおの）の教育権を権利事項や範囲についての区分を試みたい。

　まず、「保護者の教育権」であるが、児童生徒に対して自然的な権利として憲法上保障された基本的人権（憲法第 11 条と第 97 条）であり、包括的で総合的な教育権である。

　これに対して「学校の教育権」は、行政法上の部分的・機能的・技術的な職務権限に過ぎないと考えられる。

　この考え方の参考として、ドイツにおける学説や判例上では、広く承認されている「三区分論」が存在する。これに倣って、以下の 3 点にまとめた結城[12]の資料を引用する。

　　保護者の教育権が学校教育に優位し、学校の影響から自由な保護者の
　　決定権領域→〔a〕

12　結城忠（1994）前掲書、134 頁。

学校教育が保護者の教育権に優位し、保護者の直接介入を許さない領域→〔b〕

保護者の教育権と学校の教育権が重なり合う、競合し合い相互規制や協力し合い相互連携の関係にある領域→〔c〕

これを図にしたものが、下図（図4-1）である。

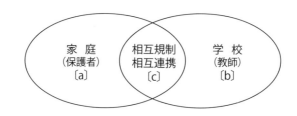

図4-1　家庭と学校の教育権と教育責任の相互関係性
（中尾、1999年）

家庭教育権と学校教育権

保護者による家庭教育の自由は、保護者の教育権の中核に位置して、その基幹的な内容をなしている。

たとえば、1919年制定のフィンランド憲法第82条の2は、「家庭で行う教育は、官庁のいかなる監督にも服さないものとする」と定め、この権利の峻別を図ったうえで、丁寧に憲法で示している。これが、図4-1によれば、〔a〕の領域に属し、その重要な柱となっている。

これを日本に置き換えてみれば、この保護者の教育権を侵害している事例が、生徒規則や生徒心得にみられる。人身、私生活の自由、自己決定権などの基本権を侵害している場合が見受けられる。

確かに、「社会的な生活学校」として、学校はただ単に学習指導だけでなく、生徒指導もその重要な任務とされてきた。これは、おおよそ欧米諸国とは異なる態様といえる。

　前に述べたように、日本における児童生徒を取り巻く環境の悪化、教育放棄、教育不在、教育外注家庭の増加、学校への強い依存など一般にいう「家庭や地域社会の教育力の低下（弱化）」というネガティブな現象において、学校に教育のすべてを任せる傾向があった。これを「生活学校」と表現してもよいが、社会は学校に過度の期待を寄せ、公共空間として学校は否応なしにこれを引き受けてきた。行政主導型で引き受けさせられてきたという言い方もできる。

　このような背景から、学校の教育権、特に生徒指導にかかわる守備範囲が校外に及び、限りなく拡大されていった。

　このようなことから、「日本の学校は子どもの教育を丸ごと抱え込み、また抱え込まされ、子どもを丸ごと管理してきたと言っても決して過言ではない[13]」という、丸がかえの教育観や学校の教育独占が、これまで行政の権力関係において、南博方ら[14]もいう一般権力関係と区分される特別権力関係で説明されてきた公立学校の在学関係である公法上の営造物利用関係によって強力に意識的にも、無意識的にも存在してきた。

　校外生活を規定した「生徒手帳」に対して、1980年代半ばから1990年代にかけて、教育裁判も批判的に教育是正的に変容してきたことは、その表れでもある。

　たとえば、日本弁護士連合会が実施した校則調査[15]によれば、学校が生徒規則によって生徒の校外生活を、私的な領域やプライベートな範囲にまで踏み込んで、実に広域かつ細部にわたって規制しているという事実が浮き彫りとなった。

　家庭学習やその時間の指定、家庭生活の在り様、異性との交際、外出時間、外出時の服装、映画館・劇場・遊技場・デパート・レストラン・喫茶店などへの立ち入り、校外団体への加入、集会の開催や参加、アルバイト、

13　下村哲夫（1976）「学校教育をめぐる親と教師」『ジュリストNo. 603』有斐閣、102-108頁。
14　南博方・原田尚彦・田村悦一（1986）『新版 行政法総論』有斐閣。
15　日本弁護士会連合会（1985）『学校生活と子どもの人権——校則、体罰、警察への依存をめぐって』、134頁。

バイクの購入や運転、旅行・キャンプ・スキー・登山・海水浴などに行くこと、外泊の禁止、休日や祝日の過ごし方など。

　また、具体的な記述として、茨城県の中学校では「異性との個人的な交際をしてはならない」、福島県の中学校では「日曜日の午前中は家庭学習をすること」となっている。さらに顕著な表現は、埼玉県の高等学校で、「旅行、登山、キャンプ、海水浴、スキー等を行う場合は、学校の許可を得ること」、宮崎県の中学校の「映画・興行物は、学校の許可がない限り絶対に行かない」という事例まで学校の規則、生徒指導権が及んでいた。

　後述するある地域の生徒手帳の内容分析においても、服装、髪型、所持品に類似する内容が数多く残っていることもわかった。たとえば、ある中学校の生徒心得に、「デパートなど校外に出かけるときは、制服制帽を着用して本校の生徒として恥ずかしくない行動をとること。」という例も見受けられた。

　検討したように、成文化された内容にも、教育における保護者と教師の教育権や監督権のせめぎ合いが窺える。

V　アメリカ合衆国の「生徒行動ハンドブック」

　アメリカ合衆国の多くの州では、"Discipline"（規律保持）のために、「生徒行動規範・ハンドブック」とか、「教師行動規則」「保護者行動規範」などにより、あらかじめ入学前に学校と家庭との在学上の契約を結ぶ。州により異なるが、「体罰」の契約欄に○印を付けていると、学校ではその規定の範囲内で罰を与える。

　それは、あらかじめ×印の家庭は、学校では何も指導せず、事実だけを親権者に伝え、これが家庭の教育主義ということであり、子どものしつけは親がすべての責任をもつこととなる。

　学校の指導範囲は、通学のスクールバス内と学校敷地内に限定されている。クラスルームの教科担当教員は、校門指導も問題行動の指導もしない。

　正門（校門）で、スクールバスから降りる生徒を出迎えるのは、生徒指導担当の副校長（一方の教務担当副校長はスタッフルームで事務に当たる）と、スクールカウンセラー（専門職）の 2 人のみである。各教員もスクールバスから一緒に降りてくる状態である。

　生徒の問題行動はその事例により、生徒指導担当副校長とスクールカウンセラーの 2 人がチームとなり保護者との連絡などに対応する。特に、スクールカウンセラーは、専門職としてのカウンセリングのほか、裁判所、警察、病院との連携など渉外担当である。日本の教頭や生徒指導主事の仕事に類似する。教員は原則これにかかわらず、授業が終了すれば、自己研鑽や趣味に向かう。

　アメリカ合衆国の生徒行動ハンドブックでは、頭髪、服装、化粧、生活の規則など、すべてが原則的に生徒本人の自覚に任されている。他者に迷惑をかけたり、授業中に他の生徒の邪魔をしたりしない限り、教師は口を出すことはほとんどない。このように自由だが、その反面において自己の行動に厳しく責任が求められる。一旦、他者に迷惑をかける行為をした場合、罰則がはっきりと定められている。

　以上、高梁健男[16]の資料を参考とした。筆者もカリフォルニア州スクールカウンセラー協会のダリル・ヤギ・タキゾウ会長と共に、幼稚園、小学校、中学校、高等学校、職業夜間学校を訪問したが、概ね同じ状態であった。学級担任制はなく、スクールカウンセラーが話し相手となり、授業にも入る有様であった。特に校長のリーダーシップが強いことは確認できた。

　このようにアメリカ合衆国における生徒指導は、個人の責任が前提として日々展開されている。生徒指導の目標は、生徒の管理ではなく、自主性の伸長、個性の尊重にある。

　以下は、田中勝佳[17]の資料を参照するが、同じ西海岸のサンフランシスコ辺りから、公立学校に制服を導入したところ、問題行動が減少したこと

　16　高橋健男（1993）『アメリカの学校――規則と生活』英語教育叢書 8、三省堂、93 頁。
　17　田中克佳（1999）『学校で殺される子供たち――アメリカの教育改革レポート』中央公論新社、95-101 頁。

から、制服の採用が始まったらしい。その後、制服の導入によって、学校に安全と規律を取り戻そうとする動きがある。

1996年2月カリフォルニア州ロングビーチ地区で、当時のクリントン大統領が「制服の導入が学校を守り、教室に規律を取り戻すというなら、我々はこれを惜しまない援助を与えたい！」と大観衆の前で高らかに宣言したとのこと。このロングビーチ地区は、全米でも最も早くから公立の小中学校に制服を導入した地区である。1994年の導入から3年間で同地区の小中学校の暴力事件が34%、喧嘩が51%、停学処分を受けた児童生徒が32%も減少したという。

この後、ニューヨーク市の制服導入の議論は賛否両論激化していく。

第5章 生徒規則の策定・改正

I 生徒規則を定義する

　日本の学校の内部規範は、明治初期より生成し、存続して今日にあることは前述のとおりである。

　この内部規範は、これまで生徒心得、生徒規則、生徒規程、生徒規範など、また校則とも呼ばれながら、一般的に未分化な表現として呼称されてきた。当時の文部省においても「校則」「生徒心得」「校則（生徒心得)[1]」等と一部に俗称を用いている。生徒規則に社会の関心が高まってきたのに対して、曖昧な状態のまま整理できずに、学校現場の指導にも混乱がみられる。

　それゆえ、まず「校則」を定義して、次に生徒規範の概念を整理して、「生徒規則」を定義する。

1 「校則」の定義

　「校則」とは、各学校において学校管理上の必要性から、規定される学校内部規範（法規範）の総体をいう[2]。

　つまり、実際の「校則（学校内部規則)」には、

　(1) 学校組織・編成規定

　(2) 教職員に関する規定

　(3) 生徒に関する規定

　(3) 財政に関する規定

　(4) 施設管理規定

1　文部省（1988)『生徒指導資料 第20集』大蔵省印刷局、41-43頁。

2　高野桂一（1987)『生徒規範の研究』ぎょうせい。

などが存在する。本来の「校則」とはこれを示すが、通常、一般社会では、生徒の心得や生徒規則を「校則」と誤認して使用され、社会慣習とした呼称となっている状態といえる。

したがって、各学校の校則には、生徒に関する規範としての入学、懲戒などの諸規定のほか、教職員に関する諸規定、学校の組織・編成や施設・財政などの諸規定の内部規定のすべてが含まれている。

2 「生徒規則」の定義

「生徒規範」と呼ばれるものは、学校における内部規範の一種、一部であり、生徒の学校生活上の行為の基本を織り成す規範の総体を意味している。また、広義に生徒規範を社会規範としての種別からすれば、法規範と法規範以外のタブーや慣行をはじめ倫理的・道徳的または宗教的な内面規範などの内面的な倫理規範を含むものと考えられる。

生徒規範という用語は、児童生徒の学校生活上の行動技術規範として広い意味で捉えられてきた。1872（明治5）年の学制以後の学校制度や学校経営史的に現代を省みるとき、この生徒規範の内実は、「生徒心得」とか、「生徒規則」とか表現されて機能してきた。今でも機能しているとみなされていると高野桂一は指摘している。

(1)「生徒心得」とは

生徒規範の最も現実的で実践的な表現として歴史的に存続してきた「生徒心得」について考える。

「心得」という限り、内面的、精神的、倫理的な規範を意味すると思われる。日本の学校史のなかで伝統的に「生徒心得」というときは、狭義に生徒の行動技術規範に限っていないことがわかる。それは、内面的、倫理的な「心がけ」や「心がまえ」を含み、行動技術と双方が混在している事例が多くみられている。[3]

児童生徒の内面である「心がまえ」と、外面の行動とを併せて「心得」

3　高野桂一（1987）『生徒規範の研究』ぎょうせい。ここで「生徒規範」を技術規範と倫理規範に分化させ、規則と心得の表現を正確にした。

と広く定義するとすればそれまでだが、それぞれの性格が児童生徒をはじめ、教員や保護者においても地域社会においても無自覚に混交されて識別されていなかったことを問題とみる必要がある。

　以上のように、「生徒心得」は、従来において講義の法規範と内面的な倫理規範との両者を合併する実態にあった。このことは、先に検討した兵庫県小野市立中学校の事例が生徒心得に規定した項目が争点となっていることからもわかる。今日、「生徒心得」として規定しているものの多くは、実際には「生徒規則」と表記すべき法規範、行動技術規範といえる。ここに、「生徒規範」と同義に拡大して用いてきた無限性がみられる。この高野の示唆を参考に、以下に生徒規範の定義を試みる。

　(2)「生徒規範」の混交を改める

　「生徒規範」とは、生徒を対象に、生徒が主体的に心得をもち、行動するための目印、水準や基準・行動様式の総体。

　「生徒心得」とは、生徒規範の内、内面的な心構えの局面。

　「生徒規則」とは、生徒規範の内、外面化された行動様式の局面。

　したがって、「生徒心得」は内面的な心構えとしての倫理規範であり、これを実際に規則として成文化した法規範を「生徒規則」として分離する。両者を合わせて「生徒規範」と表現する。これを整理すれば下図（図5-1）の構造となる。

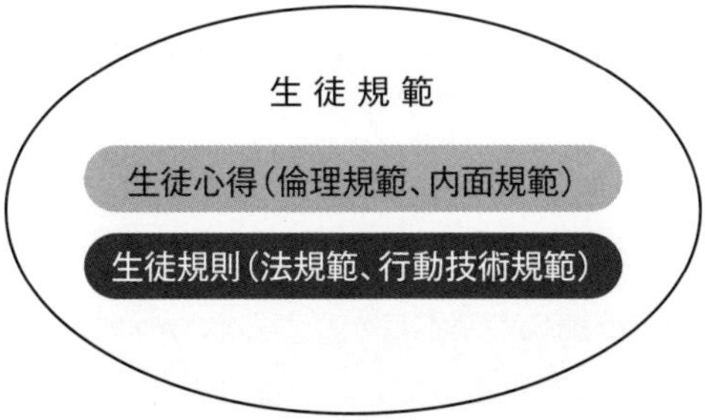

図5-1　生徒規範の概念構造
（高野 1987 年、中尾改変 2019 年）

(3) 公立中学校「生徒規則」の定義

次に、公立中学校の生徒規則（生徒行動規則と称してもよい）の定義と
その根拠を述べる。これをもって本書では生徒規則の定義として、生徒心
得とは概念を異にしながら、互いに生徒規範に内包される下位概念である
とする。

すなわち、公立中学校の生徒規則（生徒行動規則）とは、公立中学校に
おいて教師が学習指導や生徒指導を実践するに当たり、当該校に在籍す
る生徒を対象に生徒が主体的に行動するための法規範として、当該校の
関係者（学級総会、学年生徒会、全校生徒会、教員分掌部会、職員会議、
PTA 総会、地域社会の連合町会等）の意見表明による合理的な意思決定
の討議の場を経て、合意形成された成文法化されて制定または改正された
もので、当該校長が定めた学校の内部規範の自治基準の一部とする生徒の
行動技術に関する規則をいう。

以上が、日本における公立中学校の「生徒規則（生徒行動規則）」を定
義とする。これは後述する公立中学校における学校内部規範に含む生徒規
範としての「生徒規則策定基準」の参考材料となる概念である。

3 「校則」概念の変遷

学校内部規範（規則）は、「明治期においてアメリカやドイツの学校管
理法や理論の翻訳の際に、学校内部管理がいまだ未分化な段階で内部規範
（規則）としてまず生徒に対する心得のみを『校則』と訳し[4]、実際に校
則として用いた学校があり、この慣用が戦後から現代まで慣用語として今
日に伝わっている。

ところが、1897（明治30）年の前後、前述の校則という慣用語は、「す
でに主流的用法ではなくなって」おり、「この時代すでにほとんどの学校が、
『校則』とは学校組織・編成の基本にかかわる教育行政規則的なもの」と、「各
学校自体が自主的に個別的条件に立って規定する内部管理（法）規範を別

---

4 高野桂一（1987）『生徒規範の研究』ぎょうせい。

に『校規』（学校内部規定の略）」と称して、この「校規」のなかに生徒心得を含んだ。「『生徒規則』を行政が自ら制定したり準則として規定した明治10年頃までは、それは直ちに行政規則としての『校則』であった[5]」としているところからみれば、おそらくこの両者、つまり校則と校規を同義に混交したものと考えられる。

　その後、第二次世界大戦の前まで、「生徒心得」は「校規」の体系下にあるものとされた。一方の「校則」は、学校内部管理（法）規範の総体を意味するようになり区別されている。

　しかし、第二次世界大戦後には、各学校が教育委員会等の「行政の承認」の下に組織・編成をはじめ、教員の勤務関係、生徒の在学関係、基本財産などの内部管理の基本的なスキームを規定する行政規則的な性格の濃い部分を「校則」と狭義に用いた。ここでは「生徒心得」「生徒規則」を区分して定めずに、学校が自主的に定めた「校内規程」「学内規定」、または「○○市立○○中学校内規」（この呼称が現存する地域もあり、現行内規として効力を有す。）等として置かれてきた。

　社会の変容とともに、このような日本の学校史的にみて、曖昧さが残る「校則」と「校規」の概念規定の変容にいたっては、高野はこの「『校則』を二者同義に用いる慣用は止めるべき[6]」と指摘した。

4　教育法規範としての生徒規範の性格

教育規範と教育法規範

　上に述べた生徒規範は、広義には教育規範の一種であり、学校や教師側からすれば、これは生徒を対象とした規範である。

　立場を変えて学習者である生徒の側からすれば、生徒自身の学校生活上の心構えと校内生活行動の技術規範であると同時に、学習行動の技術規範といえる。

　学校教育が集団のなかで生徒個人の人格の完成をめざし、社会の形成者

5　高野桂一（1987）『生徒規範の研究』ぎょうせい。

6　同上書。

を育む場合、ダイナミックにまた創造的に展開される教育活動のなかで、生徒の行動様式も校内の集団や組織的な行動様式として一般的な規範性を志向し、定着する教育効果もあると考えられる。

　学級集団全体として、または学年や学級集団の規範としての「教育規範」がこれに当たる。生徒規範は生徒個人を集団のなかで教育するための規範であり、秩序の一つである。

　教育法的な視点から、この生徒規範を法的な効力にかかわって行動技術規範に注目すれば、どのように考えればよかろうか。これに対して高野は、「立体的機能的相関関係（functional correlation）[7]」として、その構造を示唆している。これを用いて以下に考える。

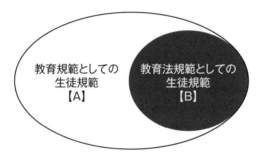

図 5-2　生徒規範の立体的機能的相関関係の構造Ⅰ
（高野、1993 年）

　図 5-2 に示した「教育法規範としての生徒規範【B】」は、「教育規範としての生徒規範【A】」の一部と捉えられる。

　その【B】は、生徒の権利義務の関係の視点からは教育規範の局面に限定されるものと捉える必要がある。

教育における人間の権利と一般の人間の権利

　図 5-3 は、教育規範としての生徒規範【A】が、社会における一般的な

7　高野桂一（1993）「学校現場の『生ける法』の法社会学的見方・考え方」高野桂一編『学校経営のための法社会学』ぎょうせい、32 頁。

人間の権利としての生徒規範《B》に、どのように現実的に交錯するかということを考えることによって、教育法規範としてのそれ【C】の在り方が決定される。

　ここで厳密には、現実の生徒心得や生徒規則が教育法規範としての性格を有す場合には、そこに教育や生徒だけに特有の人間としての権利としての「教育の人間の権利【A】」と「社会一般の人間の権利《B》」が教育にもかかわっている場合と識別する必要がある。

　それゆえに、【C】の教育法規範としての生徒規範は、生徒管理規範もこれに内包しながら、教育や学校生活に固有な教育における人間の権利にかかわるが、また社会一般的な人間としての権利《B》が教育にかかわるそのものも包み込むことも当然と考えられる。

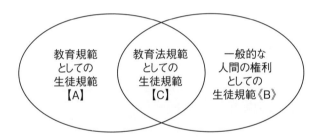

図 5-3　生徒規範の立体的機能的相関の構造Ⅱ
(高野、1993 年)

Ⅱ　法社会学的にみた生徒規範の性格

1　慣習法（生ける法）という見方

　これまでみたように、生徒規範に内包される生徒心得や生徒規則は、無限定に「校則」と俗称されてきたし、今日でも状態は変わらない。

　この生徒心得や生徒規則が法規範ということは、制定法規であるという

意味においてではない。学制が発足した明治初期において、地方教育行政規則（学校営造物規則）として生徒心得が存在していたとしても、その後一貫して基本的には各学校が自治的・自律的に学校内部規範の一つとして作成し、制定するものが生徒心得の先例であった。その意味では、生徒心得や生徒規則は制定法規ではなく、学校において自治的に形成された学校の慣習、学校慣習法とした法規範であるといえる。

　一般的に社会学的にみれば、「事実としての慣習」と「掟」の一種である。また、慣習法とは連続系列をなすため境界は流動的である。この両者の違いは、結局、量の差に過ぎないとされる。しかし、法社会学の分析道具としての「慣習法」は、「掟」とは同一ではないが、ここでの慣習法は権利義務を内容とする「掟」と捉えて考えていく[8]。

2　学校慣習法と合意形成

　単なる事実としての慣習や慣行が、いわゆる「生ける法」としての「慣習法」に転化する二つのきっかけを渡辺洋三[9]が示している。

　つまり、近代国家法＝制定法が法規範として成立する契機は、

　①組織された支配権力による強制性

　②それが権力を持つと同時に、規制する客観的ルールとしての両面的規範性を持つこと

　という。この二つ契機が未成熟な形態であっても、内在する社会規範は「生ける法」としての慣習法といえる。

　日本における特別権力関係説に立った行政解釈から、上記②を容認しないことは予想される。しかし、学校内部規定に内包された生徒規範として

　8　川島武宜(1982)『法社会学2』川島武宜著作集第二巻、岩波書店、175-176頁。ここで、いわゆる「慣習法」という概念は、多種多様の「権利義務の掟」の現象の内で「比較的安定したもの」を指すが、現代の慣習法は、「安定度の低い変化しやすい慣習法」という特質をもつとされている。

　9　渡辺洋三（1959）『法社会学と法解釈学』岩波書店、161-162頁。高野桂一（1977）『学校経営の科学化を志向する学校内部規程の研究──学校慣習法学試論』、明治図書、27-87頁。

の生徒心得や生徒規則にある条項が、これを決定する側にある学校管理者
である校長、その教員らによって、生徒集団の意思を代表して、集約する
生徒会によって、違反や不履行に等しい状態にされたとき、これは教育に
値しない状況であって、教育法規範としての効力を失った状況にある。

　また、①の強制性の契機については、生徒心得や生徒規則が教育の自主
的、自律的、自治的、創造的な作用としての特質であることから、「規範
的強制性や拘束性の契機を最小限にとどめることが重視されるにしても、
基本的にはやはり考えられ」「組織的支配権力による強制性」、すなわち、
①は、「行政や校長や教師はしばしば生徒心得、規則を権力的拘束の手段
としがちであ」り、生ける法としての学校内部規範やその一部である生徒
規範は、社会規範の一種とみてよいが、

　　慣行　＝　人間関係の都合主義を目指す特殊な行動主義
　　慣習　＝　比較的持続的に集団のおよそすべての成員によって守られる
　　　　　　標準的な行動様式

このような慣行や慣習そのものではなく、少なくとも学校内部形式的な
手続きを通して形成された慣習法としての性格をもつものである。

　そして、フォーマルな教師集団、生徒集団の合意だけでなく、校長と教
育委員会との連携も含めて、最大限の合意の努力によって生徒の規範が形
成されていくことが、人間の権利を尊重する観点からも理に適っている。

3　生徒手帳の内容分析（概要）

目次に記された項目

　以前、筆者は 1999（平成 11）年度に発行された公立中学校『生徒手帳』
に記載された目次の各項目から内容分析を行ったことがある。その概要を
以下に述べる。調査件数は 89 冊。該当する件数の割合数値を％で示す。

　生徒規範や特に生徒に関する規定を「生徒心得」として表記して、その
内で「服装」に関する規定、「髪型」に関する規定、「所持品」に関する規
定のスキームで調査した。その結果、規定の表記を「生徒心得」とした割
合は 87.8％に達した。

そして、「服装」を規定した件数が全体の 41.1%、「髪型」規定が 6.7%、「所持品」規定が 3.3% であった。

次に、「教育目標」「学校沿革」「日本国憲法」「教育基本法」「校歌」について調べた。結果は、教育目標の掲載が 57.8%、学校沿革略史が 48.9%、日本国憲法が 2.2%、教育基本法が 3.3%、校歌が 85.6% であった。

続いて、「生徒会規則」「生徒会組織図」「生徒会選挙規定」「生徒会役員名簿」（空欄）を調べた。その結果は、生徒会規則の掲載が 86.7%、生徒会組織図が 56.9%、生徒会選挙規定が 61.1%、生徒会役員名簿欄が 13.3% であった。

また、「部活動規約」「日直の仕事」「週番活動規定」「学級委員名簿」（空欄）、「図書館閲覧規定」「体育施設使用規定」「相談室の利用」について調べた。その結果は、部活動規約の掲載が 52.2%、日直の仕事が 30.0%、週番活動規定が 7.8%、学級委員名簿が 12.2%、図書館閲覧規定が 56.7%、体育施設使用規定が 1.1%、相談室の利用が 6.7% であった。

さらに、「努力目標」「日課表」「時間割表」（空欄）、「学校家庭連絡欄」「諸届け出」（空欄）、「年間行事」「校時表」「生徒証」「その他」に分けた。その結果は、努力目標の記載が 57.8%、日課表が 17.8%、時間割表が 56.7%、学校家庭連絡欄が 45.6%、諸届け出欄が 52.2%、年間行事が 25.6%、校時表が 21.1%、生徒証が 98.9%、その他として 77.8%。なお、「目次」なしが 8.9% である。

生徒規則の表記語や特質

生徒規範を成立化して表記したものは規則であり、そのことを多くの学校が「生徒心得」としている。その他には、「生徒の一日」「日々の生活について」「私たちの学校生活の約束について」「一般規定」「生徒会申し合わせ事項」「中学校の生活規約について」「一般規定、服装持物規定」「私たちの心得」「本校のきまり」「約束など」「生徒のきまり」「私たちの約束」「生徒規程」「学校のきまり」「約束」「きまり」がすべての表記語で 1、2 件の少数であった。

服装規定の特質

服装規定では概ね男子は「標準服（学校指定）」として黒色詰襟学生服、女子は濃紺セーラー服、またはブレザーである（夏服は白色が基調）。下着はカッターシャツとなっている。靴下は肌色無地のストッキング。靴は白色ひも付き運動靴。名札は一部を除き着用。「防寒具」は、派手でないもの、白を基調としたものとか、紺、黒、灰、白地と色を指定したセーター、トレーナー等。手袋・マフラー（校内禁止）、指定のウインドブレーカー（期間限定）。

その他、「着用しない」や記載なしが19件あった。

また、実際とは異なると考えられるが、「放課後、校外に出向くとは制服・制帽を着用して中学校生らしく行動すること」の記載も残っている状態であった。

頭髪規定の特質

「服装について」とか、「服装（頭髪）」「諸規定」「髪型」の項目で、主として次のような規定である。

男女とも共通に、「中学生らしい髪型」（多数）、「中学生としてふさわしく」「中学生らしさを保つこと」「生徒らしく清潔に」「清楚な髪型」「流行を追わないこと」「丸刈り・長髪は、自由」「自然のままの髪」がすべてある。概ね同類の語句を使用している。その他、共通点は上記の語句の後に、細則として詳細な規則が記載されている。

所持品規定の特質

概ね「ハンカチ、ティッシュ、生徒手帳のほか、学習に必要なもの」や「学習用品」と持参するものを具体的に記載した事例は多くない。一方で、「危険なものは持ってこない」「貴重品・刃物類・お菓子などは禁止する」「時計、金品などは持ってこない」「危険物・貴重品・おもちゃ・ゲーム類など持ってこない」「先生の指示によるもの」と禁止するもの、持ってこないものを記載している事例も持ってきてはいけないものが大半であった。

Ⅲ　文部省「校則の見直し」

　文部省（当時）は、裁判例が出始めた 1988（昭和 63）年度から、「校則の見直し」を説いている。[10]

　まず、例として学校が「校則の見直し」を行う場合の取り組みの流れを示唆している。次がそれである。

　ただし、Ⓐは「学校生活」を、Ⓑは「学校生活の中の服装」を、Ⓒは「校外生活」を表している。

　また、ゴシック体の太字化は筆者によるもの。

取組の流れ

12 月 10 日（月）	職員会で見直しについての共通理解を図る
12 月 14 日（金）	6 限に学級指導（全校一斉）
12 月 17 日（月）	学級会 現行「**校則**」の読み合わせ
（4 限）	見直しまでの方法・日程・注意について
	全体的な話し合い（現時点での問題点など）
12 月 18 日〜 21 日 **生徒心得** 作成委員会による生徒会案再検討	
	「**校則**」の項目の再検討
	基本原則と照らし合わせた現「**校則**」の分類
	現時点で必要な事柄はないか
1 月 11 日（金）	**生徒心得** 作成委員会
	Ⓐの生徒会案最終決定
1 月 12 日（土）	生徒議会
	Ⓐの生徒会案提出
1 月 14 日（月）	学級会　Ⓐの生徒会案についての学級討議
1 月 17 日（木）	**生徒心得** 作成委員会

10　文部省（1988）『生徒指導資料 第 20 集』大蔵省印刷局、41-43 頁。

　　　　　　　　　　　　　Ⓑの生徒会案最終決定

　1 月 19 日（十）　　生徒議会

　　　　　　　　　　　　　Ⓐの生徒会案決定

　　　　　　　　　　　　　Ⓑの生徒会案提出

　1 月 21 日（月）　　学級会　　Ⓑの生徒会案についての学級討議

　1 月 24 日（木）　　**生徒心得** 作成委員会

　　　　　　　　　　　　　Ⓒの生徒会案最終決定

　1 月 26 日（土）　　生徒議会

　　　　　　　　　　　　　Ⓒの生徒会案決定

　　　　　　　　　　　　　Ⓒの生徒会案提出

　1 月 28 日（月）　　学級会　　Ⓒの生徒会案についての学級討議

　1 月 31 日（木）　　生徒議会

　　　　　　　　　　　　　Ⓒの生徒会案決定

　　　　　2 月以降　　　**生徒心得** 作成委員会

　　　　　　　　　　　　　体系化した生徒会案作成

　　　　　　　　　　　生徒議会

　　　　　　　　　　　　　生徒会案の体系化

　　　　　　　　　　　　　生徒会案完成

指導案「校則（生徒規則)」について考えよう

	活　　　動	留　意　点
活動への導入	○今の「校則」に問題がないか ・どうなっているか ・問題は何か	問題の存在に気付かせそのことについて考え、解決したいという意欲を起こさせる ―現状認識（改善への動機付け）―
活動の展開	○何のための「校則」か ・本校の生徒が目指すもの ・校則のもつ意義	指導 「校則」は、自分達の学校を楽しく規律あるもの（本校の生徒が目指す学校）にしていくために自分達で考え、そして自分達で守っていくのだということを意識化させる

| 活動の展開 | ○「校則」はどのように改めたらよいか
・学校の基本方針の理解
・手続きの確認
・生徒議会の検討・討議
・どうすればよいか
・自分はどうしたいのか | —目標の確認—
指導
指導
グループによる話合い
・グループによる話合いで問題を究明していくが、あくまで「自分はどうしたいか」と自己を見つめ、自己の問題にかかわらせて思考し発言していくようにさせる
・生徒会案づくり |
| 活動の終末 | ○ "校則を守る" ことについて自分はどうしようと思うか | 問題を整理しまとめ自分はどうするかを決定させ具体的に実践できるように指導する
—実践への意識づけ— |

　上記の「指導案『校則（生徒規則）』について考えよう」は、92　頁「取組の流れ」に示された 12 月 14 日（金）の「6 限に学級指導（全校一斉）」で実践する学級指導の授業指導案の例として示されていた。

Ⅳ　年度毎の改正と合意形成

1　改正の実践手続き（試案）

　筆者は、生徒規則というものは、関係者間（少なくとも教職員と児童生徒、できれば中学入学までは保護者も加わる）において、毎年度、見直しの機会が設けられなければならないと考えている。そして、児童生徒に直接かかわる項目は、それぞれの集団において「教育の目的」や「義務教育の目的」、各校の教育目標に照らして、変更する項目は必要に応じて改正していくことは重要な教育実践である。

　この機会を保障することにより、児童生徒の成長に応じた自己の意見表明を保障しなければならない。そのうえで、生徒間、生徒と教職員間の相互理解を促進させ、多様な他者を寛容的に理解して、自分たちの校内生活について合意形成を図っていく教育実践こそが、今日においては一層求め

られていると考える。

　前節において、当時の文部省が示した「校則の見直し」以降、今日にいたっては生徒規則や生徒心得にかかわる判例もいくつか出された。また、教育基本法も改正された。生徒指導の手引書も文部省『生徒指導の手引（改訂版）』（大蔵省印刷局、1981 年刊）に代わり、文部科学省『生徒指導提要』（教育図書、2010 年刊）となって十余年を経る。幼児教育から中等教育まで『学習指導要領』等（2017-2018 年）も改まった。さらに、教員の働き方改革も推進されつつある。

　このような変化の時期にあったとしても、当事者である生徒や教員で改正していくことは重要な教育実践である。こうした生徒規則を適切に改正して、校内で日常生活を営んでいくために、図 5-4 に改正のプロセスの考え方を示す。従前の捉え方を超えて、人間個々を尊重した合意形成を外さないことに重きをおいたところは大切な視点である。

(1) 校内生活の規則（合意形成）、成文化された生徒規則
(2) 校外生活について（教育的配慮事項）
(3) 生徒規則（成文）と、生徒心得（口頭指導）の区別
(4) 規則制定・改正のプロセス 　生徒集団の自治（生徒個人―学級、学級代表・生活委員―学年、生徒会）→ 職員会議（生徒指導部―運営委員会）→ 生徒集団の自治（生徒会、学年―学級代表・生活委員会、学級―生徒個人）、……繰り返しもある……。原案を PTA 役員会に提示して意見調整（再検討もある）→ 校長が決定→ 教育委員会に報告→ 校長名義で生徒・保護者に通知→ 通学の小学校や地域社会に広報→ 生徒手帳等の改訂手続き→ 入学説明会　入学後の学級担任や生活・生徒指導部からのガイダンスや児童会・生徒会執行委員からの説明

図 5-4　生徒規範改正のプロセス
（中尾、2019 年）

　以上において、学級活動やホームルーム活動、児童生徒の自治活動については、小・中・高等学校の教育課程では「特別活動」が要となって実践されることになる。

この特別活動の目標は、最新改訂版（附録の資料Ⅴ－Ⅶを参照）では、共通して「集団や社会の形成者としての見方・考え方を働かせ、様々な集団活動に自主的、実践的に取り組み、互いのよさや可能性を発揮しながら集団や自己の生活上の課題を解決することを通して、次のとおり資質・能力を育成することを目指す」である。ここでは、社会の形成者の見方・考え方を働かせて様々な集団活動に自主的、実践的に取り組むとされた。

それでは、特別活動の内容をみてみたい。内容の項目に「学級活動」（小中学校）・「ホームルーム活動」（高等学校）と「児童会活動」（小学校）・「生徒会活動」（中高等学校）がある。これが該当する。

学級活動においては、さらに３つの項目が設けられている。

学級活動（1）は、「学級や学校における生活づくりへの参画」であるが、その内容はさらに３つに細分されている。それは、「ア　学級や学校における生活上の諸問題の解決」「イ　学級内の組織づくりや役割の自覚」「ウ　学校における多様な集団の生活の向上」が主項目である。

学習の主題が、生徒規則の改正にかかわることであれば、学級活動（1）の全項目の範囲にわたる取り組みとなる。

これらの実践を踏まえながら、筆者は、学級活動（3）の「イ　社会参画意識の醸成や働くことの意義の理解」（小学校）、「イ　社会参画意識の醸成や勤労観・職業観の形成」（中学校）、ホームルーム活動（3）の「ウ　社会参画意識の醸成や勤労観・職業観の形成」（高等学校）にそれぞれ位置付けながら実践することができると考える。この見方・考え方は、憲法第26条や教育基本法第1条（教育の目的）や第5条（義務教育の目的）の第2項に鑑み、「社会の一員としての自覚をもち、社会生活を営むうえで必要なマナーやルール」を学校教育という枠組みで解釈することとなる。したがって、校内における生徒の合意形成は、特別活動としての学級活動・ホームルーム活動と児童会活動・生徒会活動に位置付けて実践を図ることができる。

この構図は、児童生徒の学習者個人としての意見表明権（子どもの権利条約第12条）の行使という側面と、権利の保障という側面、そして学習

者の集団が相互主体的に機能し、促進されるという視点から、学校教育の可能性が再発見できないだろうか。

　これを踏まえ、保護者たちと学校教育との連携が促進されることで、近未来の「学校」に新たな存在意義と機能性を見出していくことも可能性がないわけではない。次節において、子どもの権利や保護者の権利や学校との関係について改めて考えてみたい。

2　人間としての学習者の権利と保護者の教育権の実現

《事例A》

なんでもおとなの言うとおり？

お父さんとお母さんは「自分の考えをきちんと持ちなさい」と言うくせに、ぼくの考えが自分たちにとってちがっていると必ず反対する。言い返しても「親の言うとおりにしろ。お前のために言ってるんだ」と、言うことを聞かせられる。

学校も同じだ。先生が望む意見はニコニコして聞いてくれるけど、そうじゃない意見には耳もかしてもらえない。

そして先生が選んだ生徒代表の「朝の15分の読書」とか、「授業に関係ない物は持ち込まない」という提案を守らされるのはぼくら。守らないと「自分たちで決めたくせに」とおこられる。

《事例B》

ちゃんと話を聞いてくれるはずない

校長先生は朝礼のたびに「いじめがあったら『いじめ意見箱』に入れなさい」と言う。

でも、いじめがあっても、だれも投書なんかしない。そんなことしたって、ちゃんと話を聞いてくれるはずないもの。もしかしたら、「だらしない」とおこられたら、「なさけない」とがっかりされるかもしれない。いじめっ子は「言いつけた」とよけいにいじめられるかもしれない。だけど校長先生は「『いじめ意見箱』に相談が1件もなかった」

とうれしそうだ。

《事例C》

おもて側しか見ていないんだ

みんな、おもて側しか見ていないんだ。毎朝、通学路の「おはよう通り」に立っているおとなたちだってそうだよ。「おはよう通り」には、同じ小学校に通う子のお父さん、お母さんや町内の人たち、市会議員の人……いろんな人が立っている。大きな声であいさつをすると「元気がいい」と喜ぶ。ときどき「ぼうしはちゃんとかぶれ」とか、「名札をつけなさい」とか言ってくる。でもぼくが下を向いていても「どうしたの？」とは聞かない。

　上記は、木附千晶[11]らが子どもたちの文章を子どもの権利条約（Convention on the Rights of the Child）第12条「子どもの意見の尊重」（意見を表明する権利／意見表明権）の枠組みで扱った文章の引用である。第12条第1項の邦訳は、「自己の意見を形成する能力のある児童がその児童に影響を及ぼすすべての事項について自由に自己の意見を表明する権利を確保する。この場合において、児童の意見は、その児童の年齢及び成熟度に従って相応に考慮されるものとする[12]」である。この内容は、同条約第3条で謳った「子どもの最善の利益」を確保するためにも子どもが自らの意見を表明する機会を保障するということからとても重要な内容と考えられる。

　日本弁護士連合会子どもの権利委員会[13]は、自己に影響を及ぼすすべての事項の決定にかかわり、意見を表明する権利やその意見が正当に尊重される権利を保障することは、子どもが決定過程に参加することを求めてい

11　木附千晶・福田雅章著／CRC日本監修（2016）『子どもの力を伸ばす　子どもの権利条約ハンドブック』自由国民社、14-16頁。

12　解説教育六法編集委員会編（2019）『解説教育法六法2019』三省堂、90頁。

13　日本弁護士連合会子どもの権利委員会編著(2017)『子どもの権利ガイドブック【第2版】』明石書店、86-88頁。

る。

　一つは、子どもの意見表明や参加の機会を十分に保障しなければならない義務を負う（機会保障義務）。

　二つ目には、子どもが意見表明を行った場合には、誠実に応答する義務を負う。その意見が大人の意見と異なる場合は、その意見や理由を十分に説明し、子どもが納得するように説明をする義務を負う（誠実応答と説明義務）。

　三つ目は、表明された意見に対しては、その年齢や成熟度を考慮し、相応に尊重する義務を負う（意見尊重義務）。

　そのうえで、いわゆる「校則」（生徒規則）の内容は、生徒の権利を制約し、生徒が学校生活を送るうえで、極めて影響が大きい事項であるとする。さらに、第12条の趣旨からすれば、「校則」（生徒規則）の制定について、生徒が意見を表明する機会を保障し、学校・教師が生徒に対し誠実に応答と説明をし、表明された意見を尊重するシステムをつくることが必要といい、また生徒会を通じた参加が生徒の参加権の保障にあるとも述べている。

　また、学校の実状について、日本弁護士連合会子どもの権利委員会は、「校則」（生徒規則）制定に、生徒・生徒会・親・PTA等が参加する努力がなされているところも一部にはみられるようだが、諸外国のように法制度あるいは学内システムが確立されているとはいえないと指摘して、以下をその根拠としている。

　　実態は、校長・教師の専権とされている。文部省（現、文部科学省）は、1988年4月25日に行われた課長会議の挨拶の場で、「厳しすぎる校則の見直し」を指示し、さらに1990年7月兵庫県立高等学校「校門圧死事件」直後に、再び校則の点検を指示した。1994年5月には、「『児童の権利に関する条約』について」と題する文部事務次官通知（1994年5月20日付・文初高第149号）において、「校則は、日々の教育指導に関わるものであり、児童生徒の実態、保護者の考え方、地域の実

情等を踏まえ、より適切なものとなるよう引き続き配慮すること」と指示した。しかしその一方で、同通知において、子どもの権利条約「第12条1の意見を表明する権利については、表明された児童の意見がその年齢や成熟の度合いによって相応に考慮されるべきという理念を一般的に定めたものであり、必ず反映させるということまでを求めているものではない」として、12条の趣旨を矮小化し、さらには「校則は、児童生徒等が健全な学校生活を営みよりよく成長発達していくための一定のきまりであり、これは学校の責任と判断において決定されるべきものである」とし、生徒の参加確保の要請を否定した。

大阪府交野市では、市立の中学校が、生徒・保護者・教師の総意に基づき、1996年度から制服を廃止する決定をしたことに対して、交野市教育委員会が同校校長に対し、この決定の白紙撤回を強く求める行政指導を行い、同校長が制服廃止の白紙撤回を一方的に行った。大阪弁護士会は、1996年10月31日、上記白紙撤回行為は子どもの権利条約の趣旨に反するものとして是正の勧告をした。

また、京都府立高校では、生徒総会において93.3%の生徒の賛成により制服導入反対を決議し、その後も臨時生徒総会の圧倒的多数で制服導入反対を決議するなどして、再三、校長に制服導入反対を申し入れたにもかかわらず、校長はこれを無視して制服校則を定めることを発表した。1997年2月18日、京都弁護士会は、生徒・保護者・教職員と十分な意見交換を行い、その意見を尊重して決定すべきであると申し入れを行った。しかし、両校とも校長の決定が実行された。

しかし、いくつかの学校においては、生徒・教職員・保護者が学校運営について主体的に話し合う場として三者協議会を設置し、校則の改善をすることも実践されている。[14]

筆者としては、このような実態も踏まえつつ、次項において、学級活動

14　日本弁護士連合会子どもの権利委員会編著(2017)『子どもの権利ガイドブック【第2版】』明石書店、88頁。

やホームルーム活動、児童会活動や生徒会活動を組織的に機能させながら、授業実践とも絡ませて具体的なイメージを表現したい。

　これを踏まえ、集団や社会の形成者としての見方・考え方を働かせ、様々な集団活動に自主的、実践的に取り組み、互いのよさや可能性を発揮しながら集団や自己の生活上の課題を解決することを通して、それぞれの教科等で予定されている学習の内容項目や教科等で育成を目指す「資質・能力」ということと併せて考える。保護者は特に義務教育においては、教育基本法第10条で新たに「家庭教育」を設けて確認するように、子どもの教育について第一義的な責任を有すことを謳う以上、意思決定プロセスへの参加権として保護者の関与は必須と考えられる。

　さらに、上述の考え方に加えて、児童生徒や保護者、一部の教師は年度ごとに入れ替わることを考慮すれば、当然に毎年度の了解手続きが必要であることはいうまでもない。

　そこで、学習者である児童生徒には、次年度の「生徒心得」「生徒規則」「生徒申し合わせ事項」「私たちの約束」「きまり」等について、形式的な過程で済ませず、権利義務の関係、人間として自己の生き方、在り方、生き方として話し合い、思考し、判断し、表現し、了解志向型の合意形成を図っていく必要があるため、次節において授業や取り組みを試みたい。

3　「総合的な学習の時間」を活用した指導案

課題の所在

　ここで実践事例として取り上げる学校は、都心部に位置し、生徒指導上の諸問題への取り組みが学校教育の課題となっている。特に学校内の秩序維持は、安定した学習環境を確保するための重要課題である。おのずと校則順守の徹底が求められてきた。

　しかし、「校則」への依存は、「校則」項目の増加や「校則」への生徒の受動性を生み、むしろ「校則」の軽視という逆説的な結果を生じさせることとなり、また生徒の人間としての基本権にもかかわる問題を生じかねない。指導の徹底が問題の解決につながらないという状況を帰結していた。

そのような中で、取り組まれたのがこの実践事例であった。その端は、2018（平成30）年6月、中学1年生の生徒に、ある学級担任が、「先生、梅雨に入り替え靴を買おうと思い、母と一緒に駅前のお店に行きましたが、白の運動靴は全く見かけませんでした。大型店も販売していないようです。一本だけど青色ラインのものはありましたが、これは校則（生徒心得）に違反になりますか」と問われたことに発している。

この課題を契機に、社会科や特別活動と横断的・総合的に連携して取り組む総合的な学習の時間において、探求的な学習や協働的な学習の視点も取り入れ、子どもの権利条約（Convention on the Rights of the Child）への理解を通して、日常生活の課題の解決に発展させ、生徒の学びへ向かう力等の資質・能力を育むために取り組んだ実践である。[15]

実践の概要

（1）単元名

「子どもの権利条約」を友達にわかりやすく伝えよう

　－「生徒手帳」の服装・所持品規則を見直す自治活動 －

（2）単元目標

多様な価値観をもつ生徒たちが、自己や他者の権利について学級のグループごとに調べ、話し合い、発表し合う探究のプロセスから、合意形成と自己実現の方法を獲得する。

（3）地域・学校・生徒の実態

事例の中学校（以下、「事例校」と省略）の通学地域は、都市中心部にあって外国人生徒や保護者の居住者率が年々高まり、入学者が増えている。そのためか生徒たちは、とりわけ外国人生徒においては差別に対する課題意識や人としての権利意識が非常に高い。

また、その反面、日常生活の課題を話し合う場合に他者との対話によっ

15　中尾豊喜（2020）「児童生徒の興味・関心に基づく課題に関わる実践事例②」中園大三郎・松田修・中尾豊喜編『小・中・高等学校「総合的な学習・探究の時間の指導——新学習指導要領に準拠した理論を実践』学術研究出版、155-159頁。（一部改変）

て合意形成を図って解決していく資質・能力は未だに乏しいと言わざるを得ない。それゆえに、学校として国際理解にかかわる教育実践や生徒指導を重点課題に掲げ、学校教育目標の一つとして国際理解教育や生徒自治をテーマに全学年で年間指導計画を立てて取り組んでいる。

(4) 題材（学習材）

外国人生徒のなかには、1989年11月に国連総会で採択され、その後、日本でも批准した「子どもの権利条約」をすでに入学前に学習し、生活実践できる段階にまで習得している生徒もいる。一方で、多くの生徒は何も知らない状態である。

そのために、本題材を通して「子どもの権利条約」を学習材に条文の理解を進めながら、日常生活の課題を取り上げ、探求の過程に沿って解決できる資質・能力を身に付けられるようにしたい。

(5) 育てたい資質・能力

観点	ア 知識及び技能	イ 思考力、判断力、表現力	ウ 学びに向かう力、人間性等
評価規準	(1) 生活課題を通して条文の内容を理解することができる。 (2) 社会参画の意義を理解することができる。	(1) 主体的・対話的に条文の表現を工夫することができる。 (2) 他者に伝わる表現方法を考えることができる。	(1) 他者の意見を介し、自己の意見を捉え直して、深い学びにつなげることができる。 (2) 社会の形成者としての自覚をもつことができる。

（6）指導計画の概要（全 13 時間）

次	探究の過程	学習活動	時数	（観点）			評　　価	
				ア	イ	ウ	評価規準	評価方法
1	課題の設定 ①青い線の靴は「校則」上認められるか。	○[A] オリエンテーション（体育館）	1	○	—	○	・生徒規則と学習の関連を理解できる。	・ワークシート ・行動観察（発言、聞く態度等）
	②「校則」は「子どもの権利条約」上認められるか。	○グループ編成と役割分担（教室）	1	○	—	—	・グループと自分の課題を設定できる。	・ワークシート（他者との対話）
2	問題の分析	[B] 条文の理解と校則との対立矛盾の検討	2	○	—	—	・インターネットや図書館の資料から情報の収集ができる。	・行動観察（製作、発表、発言、聞く態度等）
3	情報の収集と問題解決の探究	○[C] シナリオづくり	2	—	○	○	・情報収集した内容を整理し、問題解決に取り組む。	・行動観察（発表、聞く態度等）
		○[D] 用具製作	2	—	○			・シナリオ用紙
4	整理・分析	○[E] 学級内リハーサル、学年リハーサル	2	○	○	○	・発表の準備、製作ができる。他のグループの内容に質問や意見ができる。	・ワークシート、発表の様子（他者との対話）
5	まとめ・表現	○[F] 総合学習発表会	2	○	○	○	・他者にわかる発表を行い、また聞くことができる。	・相互評価シート
6	振り返り	○[G] 振り返り	1	○	○	○	・学習活動を振り返り、成果と課題を理解し、内省ができる。	・ポートフォリオ（自己内対話）

（7）話し合い活動

　前項「指導計画の概要」の「整理・分析」は、知識と技能を結び付けたり、考えを出し合ったりしながら問題の解決に取り組む内容である。この学級内リハーサルの時間に、外国人生徒の1人から、「靴にブルーラインがあっても何の害もない。それで悪い行動をするわけでもないし、他の人に迷惑をかけることもない」「私たちには、この条約12条の意見表明権を使って生徒会で生活しやすくなるよう話し合おう」という意見に、学級では「確かに他の人たちには影響しない」や「青色の線があれば人間がおかしいですか」等の発言が続いた。

これまで、白色靴の規則に疑問をもっていなかった生徒は、「なるほど、自分の行動が大切で、靴に色ラインがあるないの問題ではないのだ」「少しのラインやマークはいいと思う」等の意見が出されたが、この学級では規則を変える提案にはいたらなかった。

（8）成果と課題

この実践を設定するため年間指導計画の一部を改めて、2学期の社会科・特別活動・総合的な学習の時間を活用し、「子どもの権利条約」の条文を学級別に分担し、学級はグループに分けて取り組みを行った。

外国人の生徒からは、身体的なことや靴の詳細な色彩まで規定している規則は意味が不明であることや、契約をしていないのに厳守を求められることも理解できないなどの意見が出され、結論が出ないまま単元の学習を終えた。

課題としては、生徒から意見が出ても、学級会が学年委員会・生活委員会・風紀委員会等との実践や生徒議会への提案の仕組みや経験不足から、変更案の提案まで進行できなかったこと、加えて、人間相互の関係における自他の尊重、多様な他者を寛容的な態度で理解していくことは継続した課題である。

学習の成果は、生徒が発表を通じて、校内外の生活や条文についての知識・技能、表現力等の向上において一定程度みられたとしている。

探究的な学習や協働的な学習と「他者との対話」という課題

前項の実践事例の意義や成果は、白色靴が販売されていないことから始まった「生徒手帳」の規則の問題から、生徒は自治の方法を改めて知ることができたこと、国の環境によって学校の規則も異なることに気付きがあった。この視点では学級集団における話し合いの場の設定が有効に機能したと考えられる。しかし、あくまでも学級集団や学年集団としての教師の見方である。それゆえに主観的で感覚的なところは否定できない。

　また、中教審答申は、「『主体的・対話的で深い学び』の実現」「『対話的な学び』の視点」の項で、多様な方法を通して多様な他者と対話することのよさについて示唆している。その一つは、「他者への説明による知識や技能の構造化」であり、次に「他者からの多様な情報収集」である。この二つについては前述の実践事例でも扱っていた。しかし三つ目の「他者とともに新たな知を創造する場の構築」という対話（話し合い）のための教室に環境醸成するまでにはいたっていない。

　さらに、協働的な学習を進めていくなかで、「集団としての学習成果に着目するのでなく、探究の過程を通した一人一人の資質・能力の向上ということをより一層意識した指導の充実が求められる」という視点は、危惧すべきものとなっている。つまり、答申も述べるように、協働的な学習においてグループで結果を出すことが目的でなく、このプロセスを通じて一人ひとりの学習者がどのような資質・能力を身に付けていくかが重要となってくる。また、事例は「対話的な学び」が、校内において「他の児童生徒と活動を共にするというだけではなく、一人じっくりと自己のなかで対話すること、……様々な対話が考えられる」ところだけは何とか照射しているといえる。

　いずれにしても、集団における学習活動が自己との対話、多様な他者の複眼的な意見、それを媒介とした自己の意見と、学習の過程において他者の他者である自己は、他者を通して新たな発見からの新たな見方・考え方へと広がり、あるいは深まり、その繰り返しから深い学びへと移っていくものと考えられる。

　この単元の仕組みは、調べ学習やグループによる話し合い活動、学級集団による発表、学年発表会、事後の振り返りや自己内対話である事後学習という構造となっている。当然、学習の過程においては学級やグループ活

16　文部科学省教育課程課・幼児教育課編（2017）『中央教育審議会答申「幼稚園、小学校、中学校、高等学校及び特別支援学校の学習指導要領等の改善及び必要な方策等について」全文（別冊初等教育資料2月号臨時増刊）』東洋館出版社、732-751頁。

17　同上書、733頁。

動による「話し合い活動」が重要な位置を占めることとなる。

　無造作に話し合い活動を学級において実践しても、外国での生活環境にあった人々が増える近未来の日本では、「文化や家庭環境の異なる児童生徒が集まる現代の学校において、異なる他者との対話は常に意見や立場の違いを顕在化させる可能性がある。その違いゆえ、対話は売り言葉に買い言葉の応酬になったり、〈何でもあり〉の結果を招いたりする。この場合、教師は『全員で話し合った』ことを評価するしかないだろう」[18]（山中翔、2019年）ということとなってしまう可能性が多分に考えられるからである。

　そうではなく、教師の日常の活動が、計画的に教室という社会環境・学習環境を醸し出すことが重要な要素となる。中学校に入学した第1学年の4月より、生徒と生徒、生徒と教師の相互関係を互いに主体的な関係となるような学級集団の形成を意図的・計画的に普段から取り組む必要がある。この関係性を併せもった学習集団の形成が条件となる。

　グループで課題を解決する学習形態として単なる知識の活用だけでなく、コミュニケーションや役割分担に対する責任感など、対人関係に比重を置いて、思考力・判断力・表現力などを育成する「協働学習（collaborative learning）」の基盤が成り立つ。そのうえで、話し合い活動の一つの事例として、渡邉満[19]が提唱する「話し合いのルール」を学級（学年）内の生徒と教師とで共有した学習環境が望まれるため、一つの考え方として以下に示す。

学級における「話し合いのルール」
（1）だれもが自分の意見を言うことを邪魔されない。

18　山中翔（2019）「課題の所在」、山中翔・山内優佳・渡邊満・坂越正樹・中尾豊喜「「総合的な学習の時間」における「主体的・対話的で深い学び」に関する一考察——異なる多様な他者との対話の実現に向けて」『人間健康学研究』Vol.2、広島文化学園大学、31-34頁。
19　渡邉満（2013）『「いじめ問題」と道徳教育——学級の人間関係を育てる道徳授業』ERP、56-60頁。

(2) 自分の意見は理由を必ず付けて言う。

(3) 他人の意見には、はっきり賛成か反対かの態度を表明する。その際、理由をはっきり言う。

(4) 理由が納得できたら、その意見は正しいと認める。

(5) 意見を変えてもよい。ただし、その理由を言うこと。

(6) みんなが納得できる理由をもつ意見は、みんなそれに従わなければならない。

　このルールが実践できる学級風土を維持するのは、主に学級活動であるが、毎日の教育実践の質が問われる。筆者は、学級風土を次のように常に流動的で可塑性の豊かな社会環境と考えている。

学級風土

　風土とは、元来、その土地固有の気候や地質など自然環境を指すが、広義には社会的・文化的環境をも意味するから、「学級風土」は、教師と児童生徒の相互行為によって醸成される社会的・文化的な環境とされる。また、学級風土は地域性や学校伝統の影響を受けることによって隠れたカリキュラムの要素が多分にみられる。学級は各教科と教科外の指導と学びの主たる場であるが、いじめや暴力等、人間関係に起因する諸問題が生じる場でもある。今日、「主体的・対話的で深い学び」など新しい学びが求められているが、それらの成否は学級の在り方に大きく影響される。そのため、支持的風土の形成など、学級活動やホームルーム活動は極めて重要な意義を持つ。その際、学級をすでにある固定した環境と捉えず、教師と児童生徒が学級風土をつくり出しているのであるから、相互行為によって望ましい学級風土に育てるという発想も重要となる。その主な教育実践の場が、毎週の学活・HRであり、毎日の短学活の時間である。[20]

20　中尾豊喜（2019）「学級風土（class climate）」日本特別活動学会編『三訂 キーワードで拓く 新しい特別活動』東洋館出版社、155頁。

　なお、学級活動としての話し合いは、クローズエンドをめざしたオープンエンドの方法としたい。必ず意見を表明する機会を保障して、その価値について利点や課題がだされ、妥当な内容で定まるという方法でありたい。上記の過程を経て、総合的な見地から最終的には校長の権限と責任において決定し、事後対応を行う。

　また、この試論では「学生らしい髪型」「学生として恥ずかしくない服装」等の「(生徒)心得」の領域は、成文化しない立場をとると同時に、あいまいな規定は「(生徒)規則」として設けない。

　教職員、生徒、保護者の属性は、毎年度構成員が入れ替わるため、学校慣習や慣行に流されることなく、年毎に、丁寧な合意形成を図ることが不可欠である。その合意の手続きを怠れば、個別の訴訟の対象にもなり得る。その基本は、あくまでも「学級の生徒集団」と「全校生徒会」のキャッチボールが恒常化して密であること、学習者の「自治」が保障されていることが最低条件である。

　教育は、「人間」と「人間」の相互行為を対象としている。そして、他者の他者は自己であるという「人間相互の関係」を考えることが、人格の完成と社会の形成者を培う「学校」の社会的な役割とダイナミックにかかわっている。

　このように考えれば、生徒規則を年毎に改めるという実践は、学習の主体者である生徒個々と、生徒集団である学級活動や生徒会活動において、主体的かつ自治的に取り扱う内容といえる。この場を生徒や教師に、生徒規則決定権者である校長が用意することが、教育基本法の第1条と第5条第2項の実現、憲法前文(人間相互の関係)、第11条の実現につながると考えている。

V　策定・改正の視座と意義

1　課題の再確認

　文部科学省は 2018 年 10 月 25 日、「平成 29 年度児童生徒の問題行動・不登校等生徒指導上の諸課題に関する調査結果について」の「いじめの認知件数」において、小・中・高等学校と特別支援学校を合わせて 41 万4378 件と、統計を取り始めて以来 30 万件を超え、過去最高となったことを公表した。特に、小学校低学年・中学年の増加が著しい。加えて、不登校児童生徒の数値も過去最多の様相をみせた。

　これらの問題については、近い未来、小学校の高学年や中学校における学習指導や生徒指導上の重要な課題と捉える覚悟が必要となり、この課題に「総合的な学習の時間」は、どのように応答できのるか、その射程を問い直すことは意義深いと捉えている。

　これらから、「学校」は非難の対象であるとともに、「学校」への期待はさらに高まる可能性も秘めている。

2　一個人と複数の個人、他者の他者は自己

　人々が生活する社会において自己と他者の関係を考えるとき、自己からみた他者は他者であるが、他者からみた自己は他者となる。Fundamental human rights を考える場合に、私たちは自己と他者の関係を真剣に考える必要がある。このことは毎年報告される World Happiness Report でも明らかである。日本人の幸福度は、年々下降し続けて先進国（G7）中、最下位を更新している現実がある。その要因は、「他者への不寛容」らしい。

　先述のように、Metro や JR の電車を用いて筆者は通勤している。今朝も、電車を待つため駅のホームに他者とともに並んでいた。そこへ、駅員の声で構内アナウンスが流れる。「列車が入ります、危ないですので黄色いブロック線まで下がってください〜」。乗車する電車がホームに到着してドアが開いた途端、列の後ろから順番を飛ばし、座席をめざして着座する他

者によく出会う。

　この他者は、老若男女を問わない。何かの事情があるのだろうが、事後の様子を観察してみたが、その妥当な要因は見当たらない。単に座りたかっただけなのだろうか、詳しいことはわからない。時折、ヘルプマークの携帯がなくても、社会には高齢者の夫婦、妊婦、たくさんの荷物を持った人、松葉杖の人など、その座席を必要とする他者は今日少なくない。一つの事例だが、前述の圏点を打った部分の人々は、自己本位、利己的な行為、利己主義的な生き方であるとも表現できる。

　前述の圏点を打った部分の他者たちは、当然に社会環境の一部である。この行為が、持続可能な社会を目指した地球環境を考えるときに、その意図が充分に伝わり難い人たちになる可能性がある。

　地球環境とは自然環境とは限らない。他者とともに生活する社会の構図という社会環境も地球環境である。

　自己以外はすべての人々が他者ということとなるが、同じ「人間」である。人間、ヒューマン（human）である。他者の他者は、自己であるということである。これが学校教育の特別活動や生徒指導で扱う「個と集団」の相互関係ともいえる。学校空間や教室空間は模擬社会にほかならない。「私から私たちへ」という思考の転換を促し、一人間として相互に尊重し合う社会を構築するためのトレーニング段階の義務教育、学校教育でありたい。

3　「人間としての基本権」と「人間相互の関係」の再確認

　憲法第11条は、「国民は、すべての基本的人権の享有を妨げられない。この憲法が国民に保障する基本的人権は、侵すことのできない永久の権利として、現在及び将来の国民に与へられる」と、同法第97条とともに「……国民に保障する基本的人権……」を謳っている。

　この「基本的人権」の英語の原文は、"the fundamental human rights"である。前にも述べたように本論では"human rights"を「人間としての権利」と訳し、"fundamental human rights"を「人間としての基本権」と解釈し直して考えることとする。

その解釈は、一人ひとりの人間は生まれながらに本質的に人生を生きていく権利を享有しているという捉え方である。

美濃部達吉（1918）は、『憲法講話[21]』で「人権」という語が用いられず、概ね「臣民」「国民」「人民」の権利と著した。

ただ唯一、「人民の自由権を憲法の明文を以て規定し保障するにいたったのは、仏蘭西の大革命の際に最初に発布せられた1789年の人権宣言書がその最初の模範とな」り、欧州諸国で例外なく成文憲法に制定するようになったと述べて、「人権」を用いた一箇所に限る。

この部分は、フランス語のDéclaration des Droits de l'Homme et du Citoyen（人間と市民の権利の宣言）を表現しているが、俗語のフランス「人権宣言」書を使用したと解され、恣意的な意図はなかろう。

以上から、これまで慣習的に用いてきた「人権」という訳語の用法は、真理が市民に伝わり難く、改めて捉え直しが必要である。この捉え直した経験を、人間相互の関係において相互が真摯に自他を尊重する状態を醸し出す必要がある。そして、捉え直すだけでなく、日常の生活において、実践レヴェルで明治期以来のスキームを転換した行為の変容が伴ってこそ、社会環境が妥当な方向に改善されつつある見通しが立ったといえる。このことは、筆者は強く主張したい。

それゆえに、従前の「人権」と一線を画す。「人権」という日本国語は、明治期に本質的な意味を閉じ込めてしまって、今日一種の慣行として使い続けたに過ぎないと考えた。

したがって、本論ではfundamental human rightsを人間が生まれながらに有する「人間としての基本権」として確認した。上述を基盤に学校教育の実践を考えるときに、憲法が謳う国民の権利及び義務を解釈していきたい。

本書で筆者は、いわゆる「校則」と称される「生徒規則」や「生徒心得」について著した。戦後日本、これについて学校と社会が最も激しく論争し

21　美濃部達吉（2018）『憲法講話』岩波書店、473-493頁。

た時期である 1980-90 年代の約 15 年間を照射した。

　生徒や保護者は学校や教師からの、他方において学校や教師は生徒や保護者からの軋轢と認識したと今では考えられる。この関係は、今なお、見えないだけで底流を流れている。

　それゆえに、今後の生徒規則の策定や改正に当たっての課題としては、同意の形成（合意形成）の在り方、妥当性が問われる。

　学校教育における教師による生徒指導（憲法第 26 条、教育基本法第 1 条・第 5 条第 2 項）、生徒の学習行為（憲法第 11 条・第 26 条、子どもの権利条約第 3 条・第 12 条）や保護者の第一義的な教育権（憲法第 26 条、教育基本法第 10 条）の主体者意識を含めて問われなければならないだろうし、周囲の眼差しも求められよう。

　そのうえで、生徒規則の策定・改正に当たっての基準は、「公共性」と「私事性」の問題、見方を変えて「集団」と「個」の問題、そしてその基本的な枠組みの外にある例外領域に対する合意形成としての了解思考という人間としての基本権と人間相互の関係を保持できる社会環境を涵養することといえる。

　学校内部規則を定める権限が学校側（校長）にあろうとも、学校教育に参加する児童生徒、保護者、教職員、地域社会の個々相互の権利が均衡した状態が、真の民主主義の実現に向けた教育実践であると筆者は考えている。そのための話し合いや授業実践は無駄とは表現できないはずだ。結果も重要だが、その過程が教育実践としては重要性を帯びる。

　児童生徒・保護者・教職員・その周辺の人間個々が自己内対話や集団で相互に対話して改めて自己内対話という「考えること」の大切さ、また「話し合う」意義の重要性や生活実践において行為に移す勇気が問われている。言い換えれば、社会環境を構築していく能力、さらに換言すれば、「人格の完成を目指し、……社会の形成者として必要な資質」の現れ方が、いま、問われているのではなかろうか。

　その社会において定まっていることに従順に倣うことに違和感がなく、人間がどのように振る舞うかという型がおのずと決まっているコミュニ

114

ケーション社会のことを丸山は、「『である』こと」とか、「『である』社会」と呼んだ。他方で、「『である』組織から『する社会』組織へ、『属性』の価値から『機能』の価値への変化」として、「する」原理の適用の有用性を述べて「『する』こと」について示唆した。会社や組合、教育団体などの機能集団は、本来的に「すること」の原理に基づいていると述べている。

　彼が言う「『である』こと」が、これまでの学校文化によくみられた状況だろう。その一方で、「『する』こと」や「『する』社会」「『する』組織」とは、このたび本書が著そうとした生徒一個人が生徒集団と関係しながら、相互いが主体的に参画し、話し合い対話しながら合意形成を繰り返し、問題を解決しつつ、妥当で新たな価値を創造していくことに通じている。個としての生徒と、生徒の集団とのあいだにおいて、絶え間ないこのような経験の積み重ねが、学習や教育の一つであると表現できないだろうか。

　いま、私たちの社会は、生産年齢人口の減少、グローバル化の進展や絶え間ない技術革新などにより、社会構造や雇用環境は大きく変化して予測困難な時代となって来たことがいわれている。そして人工知能（AI）の飛躍的な進化のなか、学校教育には、児童生徒がこれらの変化に積極的に向き合い、他者と協働して課題を解決していくことや、様々な情報を見極め知識の概念的な理解を実現し、情報を再構成するなどして新たな価値につなげていくこと、複雑な状況変化のなかで目的を再構築することができるよう求められているともいわれている。これらについては、学校種を問わず新たな学習指導要領の総説にも述べられた。

　そして、地球規模では地球温暖化や宗教や人種差別、経済格差、武力紛争などの諸課題も手伝ってか、サスティナブルな社会のありようが模索されながら共通の領域を照らすことができない現状にある。

　筆者は、先に電車の乗降について述べた。そこに登場する人々の行為は私事であっても、公共空間における行為である。この分野について、もう少し問題提起しておきたい。たとえば買い物の際、店員が「レシート大丈

22　丸山真男（1961）『日本の思想』岩波書店、170-199頁。

夫ですか」と表現する。また、当該のポイントカードを示しているにもかかわらず、「ポイントカードはよろしいですか」とたずねている場面によく出会う。当該の店員はマニュアルに従った文章を発音しただけである。この段階は、ダイナミックな応答、了解や合意の形成をめざしたコミュニケーションとはほど遠い段階といえる。人間と人間の相互行為であるのに会話は成立せず、営みをやり過ごしているだけの事例が今日増えているともいわれているし、筆者も実感が伴う。

　すなわち、規則改正の課題を従来からの慣習として忍耐強く、「我関せず」とか、「わずか数年間だから」とか、やり過ごす思考や態度は、これと同じであることにほかならない。固定した環境とせず、社会の形成者として、他者と自己が協働作業で社会環境を創造していく行動が必要である。

　今後、言葉も習慣も宗教も異なる多くの外国人が日本社会の各地で生活を共に営むこととなるだろう。この多様な他者たちとの人間としての関係は、いま以上に、合意形成を図ることや折り合うことの難易度が一層高まるだろう。

　教育実践の場である「学校」においては、常に当事者は変化する。それゆえに頭髪・服装・所持品等の定めについて、校内生活を営む生徒と教育指導する教職員のあいだのコミュニケーションが、日常的に成り立つ状態の生きた社会環境でありたいと望むところである。

　本書の目的を超えるが、この諸課題に具体的に対応する機関は、今や学校教育、特に義務教育が担うことを期待されていると考えている。すなわち、この挑戦は、現代の学校教育の社会的役割であり、多忙と表現される教員の新たな使命といわざるを得ない。

　その重要な実践の一つが、「生徒規則」の承認行為や改正手続きという実践である。この実践は、児童生徒の体験を通した主体的・対話的で深い学びとなり、保護者や教員にとっては新たな気付きの連続と蓄積となっていくだろう。

あとがき

　本書において 1980-90 年代における公立中学校の生徒心得や規則をテーマに、当時の学校教育や生徒指導の言説にかかわり先行研究を基盤に検討を行ってきた。生徒心得や規則の運用そのものが、不登校の要因となったり、指導を巡って生徒と教員、保護者と学校との関係性が悪化したりする例も発生し、対応を間違えるといじめ行為にも発展する。

　本書で述べてきたように、生徒心得や規則の策定・改正や規範指導にあっては、「人間」の個の尊重と、人と人という集団や社会における「人間相互の関係」について改めて捉え直す必要があると私は考える。

　2017（平成 29）年 11 月、大阪府立懐風館高校の茶髪指導を巡り、授業や学校行事に参加させてもらえず不登校になったとして、裁判所への訴えが四半世紀ぶりに起きた。今日、改めて学校内部規則の問題が再燃している。

　その意味では、東京都中央区立泰明小学校制服の高価な標準服改正も示唆に富むし、いわゆる「ブラック校則」（荻上チキ・内田良編著『ブラック校則』東洋館出版社、2018 年）も改めて多くの課題をあぶり出した。また、千代田区立麹町中学校（工藤勇一著『学校の「当たり前」をやめた。』時事通信社、2018 年）では、PTA 組織に「PTA 制服等検討委員会」を設け、生徒たちの服装や持ち物等のルールを保護者が中心となって作り上げる事例も登場した。これを校長は合理的な方法というが、本来の主人公（生徒集団）が不在であるということは、従前の課題と同じ射程を照らしたままだ。

　人工知能の飛躍的な進化、地球温暖化という難問、社会の変容が激しく、多様な価値や習慣など、葛藤と共生の時代が到来している。そのため、学習者である生徒を一個人としての「人間としての基本権」を保障し、個と集団の視座より自他理解の促進を図りながら、人間性の開発や人格の完成

はもとより、「人間相互の関係」から社会の形成者として必要とされる基本的な資質を養い、相互主体的に具体的な行為に移していくことが求めらる。

　言い換えれば、「まえがき」に述べたように、生徒が一個人として人間相互の関係において、「自分たちのルールは、自治として自分たちで考え、合意形成を図って提案する」という行動できる参加型民主主義のトレーニングであり、その実現である。

　さらに換言すれば、行為主体である生徒たちが、自らの校内生活における「規則」を教職員とともに策定・改正することにかかわること自体が必要である。そのためには、国語科、社会科（歴史・公民）、生活科、外国語科、道徳科、総合的な学習の時間や総合的な探究の時間、特別活動などの教育課程や課程外の部活動を横断的に、総合的にフル回転させて真摯に誠実に取り組むことが求められている。これは、アクティブ・ラーニングという学びの改革と並行して現代の学校教育の最重要な難題といえる。このような日常の教育実践を踏まえて、学校における「生徒指導」が適切に機能することにより事態が好転していく可能性を秘めていると考えている。その一助として本書が役立てば幸いである。

　これから教員を志す学生にとって本書は、教職課程の生徒指導や進路指導・キャリア教育、特別活動の指導法にかかわる科目内容であるため、未知の社会を照らす新しい生徒指導や新しい特別活動の方向性を考えていくうえで、一つの資料として活用いただければ、なおありがたい。

　最後に、本書発刊に向けて初期構想からお世話になった関西学院大学出版会の田中直哉氏と戸坂美果氏に深く感謝の意を表して拙稿のタイピングを終える。

2019（令和元）年 錦秋

　　　　　　　　　　　　　　　　　　　　　　　　　　　　　　筆　者

資料 I

Convention on the Rights of the Child
児童の権利に関する条約／子どもの権利条約

1994（平成 6）年 5 月 16 日公布・施行
1994（平成 6）年 5 月 22 日効力発生
条約第 2 号
2003（平成 15）年改正
条約第 3 号　　　　　（抜粋）

前文

この条約の締約国は、

国際連合憲章において宣明された原則によれば、人類社会のすべての構成員の固有の尊厳及び平等のかつ奪い得ない権利を認めることが世界における自由、正義及び平和の基礎を成すものであることを考慮し、

国際連合加盟国の国民が、国際連合憲章において、基本的人権並びに人間の尊厳及び価値に関する信念を改めて確認し、かつ、一層大きな自由の中で社会的進歩及び生活水準の向上を促進することを決意したことに留意し、

国際連合が、世界人権宣言及び人権に関する国際規約において、すべての人は人種、皮膚の色、性、言語、宗教、政治的意見その他の意見、国民的若しくは社会的出身、財産、出生又は他の地位等によるいかなる差別もなしに同宣言及び同規約に掲げるすべての権利及び自由を享有することができることを宣明し及び合意したことを認め、

国際連合が、世界人権宣言において、児童は特別な保護及び援助についての権利を享有することができることを宣明したことを想起し、

家族が、社会の基礎的な集団として、並びに家族のすべての構成員、特に児童の成長及び福祉のための自然な環境として、社会においてその責任を十分に引き受けることができるよう必要な保護及び援助を与えられるべきであることを確信し、

児童が、その人格の完全なかつ調和のとれた発達のため、家庭環境の下で幸福、愛情及び理解のある雰囲気の中で成長すべきであることを認め、

児童が、社会において個人として生活するため十分な準備が整えられるべきであり、かつ、国際連合憲章において宣明された理想の精神並びに特に平和、尊厳、寛容、自由、平等及び連帯の精神に従って育てられるべきであることを

考慮し、

　児童に対して特別な保護を与えることの必要性が、1924 年の児童の権利に関するジュネーヴ宣言及び 1959 年 11 月 20 日に国際連合総会で採択された児童の権利に関する宣言において述べられており、また、世界人権宣言、市民的及び政治的権利に関する国際規約（特に第 23 条及び第 24 条）、経済的、社会的及び文化的権利に関する国際規約（特に第 10 条）並びに児童の福祉に関係する専門機関及び国際機関の規程及び関係文書において認められていることに留意し、

　児童の権利に関する宣言において示されているとおり「児童は、身体的及び精神的に未熟であるため、その出生の前後において、適当な法的保護を含む特別な保護及び世話を必要とする。」ことに留意し、

　国内の又は国際的な里親委託及び養子縁組を特に考慮した児童の保護及び福祉についての社会的及び法的な原則に関する宣言、少年司法の運用のための国際連合最低基準規則（北京規則）及び緊急事態及び武力紛争における女子及び児童の保護に関する宣言の規定を想起し、

　極めて困難な条件の下で生活している児童が世界のすべての国に存在すること、また、このような児童が特別の配慮を必要としていることを認め、

　児童の保護及び調和のとれた発達のために各人民の伝統及び文化的価値が有する重要性を十分に考慮し、

　あらゆる国特に開発途上国における児童の生活条件を改善するために国際協力が重要であることを認めて、

　次のとおり協定した。

第 1 条［子どもの定義］この条約の適用上、児童とは、18 歳未満のすべての者をいう。ただし、当該児童で、その者に適用される法律によりより早く成年に達したものを除く。

第 2 条［差別の禁止］

1　締約国は、その管轄の下にある児童に対し、児童又はその父母若しくは法定保護者の人種、皮膚の色、性、言語、宗教、政治的意見その他の意見、国民的、種族的若しくは社会的出身、財産、心身障害、出生又は他の地位にかかわらず、いかなる差別もなしにこの条約に定める権利を尊重し、及び確保する。

2　締約国は、児童がその父母、法定保護者又は家族の構成員の地位、活動、表明した意見又は信念によるあらゆる形態の差別又は処罰から保護されることを確保するためのすべての適当な措置をとる。

第3条［子どもの最善の利益］

1　児童に関するすべての措置をとるに当たっては、公的若しくは私的な社会福祉施設、裁判所、行政当局又は立法機関のいずれによって行われるものであっても、児童の最善の利益が主として考慮されるものとする。

2　締約国は、児童の父母、法定保護者又は児童について法的に責任を有する他の者の権利及び義務を考慮に入れて、児童の福祉に必要な保護及び養護を確保することを約束し、このため、すべての適当な立法上及び行政上の措置をとる。

3　締約国は、児童の養護又は保護のための施設、役務の提供及び設備が、特に安全及び健康の分野に関し並びにこれらの職員の数及び適格性並びに適正な監督に関し権限のある当局の設定した基準に適合することを確保する。

第4条［締約国の実施義務］

　締約国は、この条約において認められる権利の実現のため、すべての適当な立法措置、行政措置その他の措置を講ずる。締約国は、経済的、社会的及び文化的権利に関しては、自国における利用可能な手段の最大限の範囲内で、また、必要な場合には国際協力の枠内で、これらの措置を講ずる。

第5条［親の指導の尊重］

　締約国は、児童がこの条約において認められる権利を行使するに当たり、父母若しくは場合により地方の慣習により定められている大家族若しくは共同体の構成員、法定保護者又は児童について法的に責任を有する他の者がその児童の発達しつつある能力に適合する方法で適当な指示及び指導を与える責任、権利及び義務を尊重する。

第6条［生命への権利、生存・発達の確保］

1　締約国は、すべての児童が生命に対する固有の権利を有することを認める。

2　締約国は、児童の生存及び発達を可能な最大限の範囲において確保する。

第7条［名前・国籍を得る権利、親を知り養育される権利］

1　児童は、出生の後直ちに登録される。児童は、出生の時から氏名を有する権利及び国籍を取得する権利を有するものとし、また、できる限りその父母を知りかつその父母によって養育される権利を有する。

2　締約国は、特に児童が無国籍となる場合を含めて、国内法及びこの分野における関連する国際文書に基づく自国の義務に従い、1の権利の実現を確保する。

第8条［アイデンティティの保全］

1 締約国は、児童が法律によって認められた国籍、氏名及び家族関係を含む
その身元関係事項について不法に干渉されることなく保持する権利を尊重す
ることを約束する。

2 締約国は、児童がその身元関係事項の一部又は全部を不法に奪われた場合
には、その身元関係事項を速やかに回復するため、適当な援助及び保護を与
える。

第9条［親からの分離禁止と分離のための手続］

1 締約国は、児童がその父母の意思に反してその父母から分離されないこと
を確保する。ただし、権限のある当局が司法の審査に従うことを条件として
適用のある法律及び手続に従いその分離が児童の最善の利益のために必要で
あると決定する場合は、この限りでない。このような決定は、父母が児童を
虐待し若しくは放置する場合又は父母が別居しており児童の居住地を決定し
なければならない場合のような特定の場合において必要となることがある。

2 すべての関係当事者は、1の規定に基づくいかなる手続においても、その
手続に参加しかつ自己の意見を述べる機会を有する。

3 締約国は、児童の最善の利益に反する場合を除くほか、父母の一方又は双
方から分離されている児童が定期的に父母のいずれとも人的な関係及び直接
の接触を維持する権利を尊重する。

4 3の分離が、締約国がとった父母の一方若しくは双方又は児童の抑留、拘禁、
追放、退去強制、死亡（その者が当該締約国により身体を拘束されている間
に何らかの理由により生じた死亡を含む。）等のいずれかの措置に基づく場合
には、当該締約国は、要請に応じ、父母、児童又は適当な場合には家族の他
の構成員に対し、家族のうち不在となっている者の所在に関する重要な情報
を提供する。ただし、その情報の提供が児童の福祉を害する場合は、この限
りでない。締約国は、更に、その要請の提出自体が関係者に悪影響を及ぼさ
ないことを確保する。

第10条［家族の再統合のための出入国］

1 前条1の規定に基づく締約国の義務に従い、家族の再統合を目的とする児
童又はその父母による締約国への入国又は締約国からの出国の申請について
は、締約国が積極的、人道的かつ迅速な方法で取り扱う。締約国は、更に、
その申請の提出が申請者及びその家族の構成員に悪影響を及ぼさないことを
確保する。

2 父母と異なる国に居住する児童は、例外的な事情がある場合を除くほか定

期的に父母との人的な関係及び直接の接触を維持する権利を有する。このため、前条１の規定に基づく締約国の義務に従い、締約国は、児童及びその父母がいずれの国（自国を含む。）からも出国し、かつ、自国に入国する権利を尊重する。出国する権利は、法律で定められ、国の安全、公の秩序、公衆の健康若しくは道徳又は他の者の権利及び自由を保護するために必要であり、かつ、この条約において認められる他の権利と両立する制限にのみ従う。

第11条［国外不法移送・不返還の防止］

1　締約国は、児童が不法に国外へ移送されることを防止し及び国外から帰還することができない事態を除去するための措置を講ずる。

2　このため、締約国は、二国間若しくは多数国間の協定の締結又は現行の協定への加入を促進する。

第12条［意見表明権］

1　締約国は、自己の意見を形成する能力のある児童がその児童に影響を及ぼすすべての事項について自由に自己の意見を表明する権利を確保する。この場合において、児童の意見は、その児童の年齢及び成熟度に従って相応に考慮されるものとする。

2　このため、児童は、特に、自己に影響を及ぼすあらゆる司法上及び行政上の手続において、国内法の手続規則に合致する方法により直接に又は代理人若しくは適当な団体を通じて聴取される機会を与えられる。

第13条［表現・情報の自由］

1　児童は、表現の自由についての権利を有する。この権利には、口頭、手書き若しくは印刷、芸術の形態又は自ら選択する他の方法により、国境とのかかわりなく、あらゆる種類の情報及び考えを求め、受け及び伝える自由を含む。

2　１の権利の行使については、一定の制限を課することができる。ただし、その制限は、法律によって定められ、かつ、次の目的のために必要とされるものに限る。

　(a)　他の者の権利又は信用の尊重

　(b)　国の安全、公の秩序又は公衆の健康若しくは道徳の保護

第14条［思想・良心・宗教の自由］

1　締約国は、思想、良心及び宗教の自由についての児童の権利を尊重する。

2　締約国は、児童が１の権利を行使するに当たり、父母及び場合により法定保護者が児童に対しその発達しつつある能力に適合する方法で指示を与える権利及び義務を尊重する。

124

3 宗教又は信念を表明する自由については、法律で定める制限であって公共の安全、公の秩序、公衆の健康若しくは道徳又は他の者の基本的な権利及び自由を保護するために必要なもののみを課することができる。

第15条［結社・集会の自由］

1 締約国は、結社の自由及び平和的な集会の自由についての児童の権利を認める。

2 1の権利の行使については、法律で定める制限であって国の安全若しくは公共の安全、公の秩序、公衆の健康若しくは道徳の保護又は他の者の権利及び自由の保護のため民主的社会において必要なもの以外のいかなる制限も課することができない。

第16条［プライバシィ・通信・名誉の保護］

1 いかなる児童も、その私生活、家族、住居若しくは通信に対して恣意的に若しくは不法に干渉され又は名誉及び信用を不法に攻撃されない。

2 児童は、1の干渉又は攻撃に対する法律の保護を受ける権利を有する。

第17条［適切な情報へのアクセス］

締約国は、大衆媒体（マス・メディア）の果たす重要な機能を認め、児童が国の内外の多様な情報源からの情報及び資料、特に児童の社会面、精神面及び道徳面の福祉並びに心身の健康の促進を目的とした情報及び資料を利用することができることを確保する。このため、締約国は、

(a) 児童にとって社会面及び文化面において有益であり、かつ、第29条の精神に沿う情報及び資料を大衆媒体（マス・メディア）が普及させるよう奨励する。

(b) 国の内外の多様な情報源（文化的にも多様な情報源を含む。）からの情報及び資料の作成、交換及び普及における国際協力を奨励する。

(c) 児童用書籍の作成及び普及を奨励する。

(d) 少数集団に属し又は原住民である児童の言語上の必要性について大衆媒体（マス・メディア）が特に考慮するよう奨励する。

(e) 第13条及び次条の規定に留意して、児童の福祉に有害な情報及び資料から児童を保護するための適当な指針を発展させることを奨励する。

第18条［親の第一次的養育責任と国の援助］

1 締約国は、児童の養育及び発達について父母が共同の責任を有するという原則についての認識を確保するために最善の努力を払う。父母又は場合により法定保護者は、児童の養育及び発達についての第一義的な責任を有する。

児童の最善の利益は、これらの者の基本的な関心事項となるものとする。

2　　締約国は、この条約に定める権利を保障し及び促進するため、父母及び法定保護者が児童の養育についての責任を遂行するに当たりこれらの者に対して適当な援助を与えるものとし、また、児童の養護のための施設、設備及び役務の提供の発展を確保する。

3　　締約国は、父母が働いている児童が利用する資格を有する児童の養護のための役務の提供及び設備からその児童が便益を受ける権利を有することを確保するためのすべての適当な措置をとる。

第 19 条［親による虐待・放任・搾取からの保護］

1　　締約国は、児童が父母、法定保護者又は児童を監護する他の者による監護を受けている間において、あらゆる形態の身体的若しくは精神的な暴力、傷害若しくは虐待、放置若しくは怠慢な取扱い、不当な取扱い又は搾取（性的虐待を含む。）からその児童を保護するためすべての適当な立法上、行政上、社会上及び教育上の措置をとる。

2　　1の保護措置には、適当な場合には、児童及び児童を監護する者のために必要な援助を与える社会的計画の作成その他の形態による防止のための効果的な手続並びに1に定める児童の不当な取扱いの事件の発見、報告、付託、調査、処置及び事後措置並びに適当な場合には司法の関与に関する効果的な手続を含むものとする。

第 20 条［家庭環境を奪われた子どもの保護］

1　　一時的若しくは恒久的にその家庭環境を奪われた児童又は児童自身の最善の利益にかんがみその家庭環境にとどまることが認められない児童は、国が与える特別の保護及び援助を受ける権利を有する。

2　　締約国は、自国の国内法に従い、1の児童のための代替的な監護を確保する。

3　　2の監護には、特に、里親委託、イスラム法の力ファーラ、養子縁組又は必要な場合には児童の監護のための適当な施設への収容を含むことができる。解決策の検討に当たっては、児童の養育において継続性が望ましいこと並びに児童の種族的、宗教的、文化的及び言語的な背景について、十分な考慮を払うものとする。

第 21 条［養子縁組］

養子縁組の制度を認め又は許容している締約国は、児童の最善の利益について最大の考慮が払われることを確保するものとし、また、

（a）児童の養子縁組が権限のある当局によってのみ認められることを確保す

　る。この場合において、当該権限のある当局は、適用のある法律及び手続に従い、かつ、信頼し得るすべての関連情報に基づき、養子縁組が父母、親族及び法定保護者に関する児童の状況にかんがみ許容されること並びに必要な場合には、関係者が所要のカウンセリングに基づき養子縁組について事情を知らされた上での同意を与えていることを認定する。

(b)　児童がその出身国内において里親若しくは養家に託され又は適切な方法で監護を受けることができない場合には、これに代わる児童の監護の手段として国際的な養子縁組を考慮することができることを認める。

(c)　国際的な養子縁組が行われる児童が国内における養子縁組の場合における保護及び基準と同等のものを享受することを確保する。

(d)　国際的な養子縁組において当該養子縁組が関係者に不当な金銭上の利得をもたらすことがないことを確保するためのすべての適当な措置をとる。

(e)　適当な場合には、二国間又は多数国間の取極又は協定を締結することによりこの条の目的を促進し、及びこの枠組みの範囲内で他国における児童の養子縁組が権限のある当局又は機関によって行われることを確保するよう努める。

第22条［難民の子どもの保護・援助］

1　締約国は、難民の地位を求めている児童又は適用のある国際法及び国際的な手続若しくは国内法及び国内的な手続に基づき難民と認められている児童が、父母又は他の者に付き添われているかいないかを問わず、この条約及び自国が締約国となっている人権又は人道に関する他の国際文書に定める権利であって適用のあるものの享受に当たり、適当な保護及び人道的援助を受けることを確保するための適当な措置をとる。

2　このため、締約国は、適当と認める場合には、1の児童を保護し及び援助するため、並びに難民の児童の家族との再統合に必要な情報を得ることを目的としてその難民の児童の父母又は家族の他の構成員を捜すため、国際連合及びこれと協力する他の権限のある政府間機関又は関係非政府機関による努力に協力する。その難民の児童は、父母又は家族の他の構成員が発見されない場合には、何らかの理由により恒久的又は一時的にその家庭環境を奪われた他の児童と同様にこの条約に定める保護が与えられる。

第23条［障害児の権利］

1　締約国は、精神的又は身体的な障害を有する児童が、その尊厳を確保し、自立を促進し及び社会への積極的な参加を容易にする条件の下で十分かつ相

応な生活を享受すべきであることを認める。

2　締約国は、障害を有する児童が特別の養護についての権利を有することを認めるものとし、利用可能な手段の下で、申込みに応じた、かつ、当該児童の状況及び父母又は当該児童を養護している他の者の事情に適した援助を、これを受ける資格を有する児童及びこのような児童の養護について責任を有する者に与えることを奨励し、かつ、確保する。

3　障害を有する児童の特別な必要を認めて、2の規定に従って与えられる援助は、父母又は当該児童を養護している他の者の資力を考慮して可能な限り無償で与えられるものとし、かつ、障害を有する児童が可能な限り社会への統合及び個人の発達（文化的及び精神的な発達を含む。）を達成することに資する方法で当該児童が教育、訓練、保健サービス、リハビリテーション・サービス、雇用のための準備及びレクリエーションの機会を実質的に利用し及び享受することができるように行われるものとする。

4　締約国は、国際協力の精神により、予防的な保健並びに障害を有する児童の医学的、心理学的及び機能的治療の分野における適当な情報の交換（リハビリテーション、教育及び職業サービスの方法に関する情報の普及及び利用を含む。）であってこれらの分野における自国の能力及び技術を向上させ並びに自国の経験を広げることができるようにすることを目的とするものを促進する。これに関しては、特に、開発途上国の必要を考慮する。

第24条 ［健康・医療への権利］

1　締約国は、到達可能な最高水準の健康を享受すること並びに病気の治療及び健康の回復のための便宜を与えられることについての児童の権利を認める。締約国は、いかなる児童もこのような保健サービスを利用する権利が奪われないことを確保するために努力する。

2　締約国は、1の権利の完全な実現を追求するものとし、特に、次のことのための適当な措置をとる。

(a) 幼児及び児童の死亡率を低下させること。

(b) 基礎的な保健の発展に重点を置いて必要な医療及び保健をすべての児童に提供することを確保すること。

(c) 環境汚染の危険を考慮に入れて、基礎的な保健の枠組みの範囲内で行われることを含めて、特に容易に利用可能な技術の適用により並びに十分に栄養のある食物及び清潔な飲料水の供給を通じて、疾病及び栄養不良と闘うこと。

(d) 母親のための産前産後の適当な保健を確保すること。

(e) 社会のすべての構成員特に父母及び児童が、児童の健康及び栄養、母乳による育児の利点、衛生（環境衛生を含む。）並びに事故の防止についての基礎的な知識に関して、情報を提供され、教育を受ける機会を有し及びその知識の使用について支援されることを確保すること。

(f) 予防的な保健、父母のための指導並びに家族計画に関する教育及びサービスを発展させること。

3　締約国は、児童の健康を害するような伝統的な慣行を廃止するため、効果的かつ適当なすべての措置をとる。

4　締約国は、この条において認められる権利の完全な実現を漸進的に達成するため、国際協力を促進し及び奨励することを約束する。これに関しては、特に、開発途上国の必要を考慮する。

第25条［医療施設等に措置された子どもの定期的審査］

締約国は、児童の身体又は精神の養護、保護又は治療を目的として権限のある当局によって収容された児童に対する処遇及びその収容に関連する他のすべての状況に関する定期的な審査が行われることについての児童の権利を認める。

第26条［社会保護への権利］

1　締約国は、すべての児童が社会保険その他の社会保障からの給付を受ける権利を認めるものとし、自国の国内法に従い、この権利の完全な実現を達成するための必要な措置をとる。

2　1の給付は、適当な場合には、児童及びその扶養について責任を有する者の資力及び事情並びに児童によって又は児童に代わって行われる給付の申請に関する他のすべての事項を考慮して、与えられるものとする。

第27条［生活水準への権利］

1　締約国は、児童の身体的、精神的、道徳的及び社会的な発達のための相当な生活水準についてのすべての児童の権利を認める。

2　父母又は児童について責任を有する他の者は、自己の能力及び資力の範囲内で、児童の発達に必要な生活条件を確保することについての第一義的な責任を有する。

3　締約国は、国内事情に従い、かつ、その能力の範囲内で、1の権利の実現のため、父母及び児童について責任を有する他の者を援助するための適当な措置をとるものとし、また、必要な場合には、特に栄養、衣類及び住居に関して、物的援助及び支援計画を提供する。

4　締約国は、父母又は児童について金銭上の責任を有する他の者から、児童の扶養料を自国内で及び外国から、回収することを確保するためのすべての適当な措置をとる。特に、児童について金銭上の責任を有する者が児童と異なる国に居住している場合には、締約国は、国際協定への加入又は国際協定の締結及び他の適当な取決めの作成を促進する。

第28条　[教育への権利]

1　締約国は、教育についての児童の権利を認めるものとし、この権利を漸進的にかつ機会の平等を基礎として達成するため、特に、

　(a)　初等教育を義務的なものとし、すべての者に対して無償のものとする。

　(b)　種々の形態の中等教育（一般教育及び職業教育を含む。）の発展を奨励し、すべての児童に対し、これらの中等教育が利用可能であり、かつ、これらを利用する機会が与えられるものとし、例えば、無償教育の導入、必要な場合における財政的援助の提供のような適当な措置をとる。

　(c)　すべての適当な方法により、能力に応じ、すべての者に対して高等教育を利用する機会が与えられるものとする。

　(d)　すべての児童に対し、教育及び職業に関する情報及び指導が利用可能であり、かつ、これらを利用する機会が与えられるものとする。

　(e)　定期的な登校及び中途退学率の減少を奨励するための措置をとる。

2　締約国は、学校の規律が児童の人間の尊厳に適合する方法で及びこの条約に従って運用されることを確保するためのすべての適当な措置をとる。

3　締約国は、特に全世界における無知及び非識字の廃絶に寄与し並びに科学上及び技術上の知識並びに最新の教育方法の利用を容易にするため、教育に関する事項についての国際協力を促進し、及び奨励する。これに関しては、特に、開発途上国の必要を考慮する。

第29条　[教育の目的]

1　締約国は、児童の教育が次のことを指向すべきことに同意する。

　(a)　児童の人格、才能並びに精神的及び身体的な能力をその可能な最大限度まで発達させること。

　(b)　人権及び基本的自由並びに国際連合憲章にうたう原則の尊重を育成すること。

　(c)　児童の父母、児童の文化的同一性、言語及び価値観、児童の居住国及び出身国の国民的価値観並びに自己の文明と異なる文明に対する尊重を育成すること。

(d) すべての人民の間の、種族的、国民的及び宗教的集団の間の並びに原住民である者の理解、平和、寛容、両性の平等及び友好の精神に従い、自由な社会における責任ある生活のために児童に準備させること。

(e) 自然環境の尊重を育成すること。

2 この条又は前条のいかなる規定も、個人及び団体が教育機関を設置し及び管理する自由を妨げるものと解してはならない。ただし、常に、1に定める原則が遵守されること及び当該教育機関において行われる教育が国によって定められる最低限度の基準に適合することを条件とする。

第30条 [少数者・先住民の子どもの権利]

種族的、宗教的若しくは言語的少数民族又は原住民である者が存在する国において、当該少数民族に属し又は原住民である児童は、その集団の他の構成員とともに自己の文化を享有し、自己の宗教を信仰しかつ実践し又は自己の言語を使用する権利を否定されない。

第31条 [休息・余暇、遊び、文化的・芸術的生活への参加]

1 締約国は、休息及び余暇についての児童の権利並びに児童がその年齢に適した遊び及びレクリエーションの活動を行い並びに文化的な生活及び芸術に自由に参加する権利を認める。

2 締約国は、児童が文化的及び芸術的な生活に十分に参加する権利を尊重しかつ促進するものとし、文化的及び芸術的な活動並びにレクリエーション及び余暇の活動のための適当かつ平等な機会の提供を奨励する。

第32条 [経済的搾取・有害労働からの保護]

1 締約国は、児童が経済的な搾取から保護され及び危険となり若しくは児童の教育の妨げとなり又は児童の健康若しくは身体的、精神的、道徳的若しくは社会的な発達に有害となるおそれのある労働への従事から保護される権利を認める。

2 締約国は、この条の規定の実施を確保するための立法上、行政上、社会上及び教育上の措置をとる。このため、締約国は、他の国際文書の関連規定を考慮して、特に、

(a) 雇用が認められるための1又は2以上の最低年齢を定める。

(b) 労働時間及び労働条件についての適当な規則を定める。

(c) この条の規定の効果的な実施を確保するための適当な罰則その他の制裁を定める。

第33条 [麻薬・向精神薬からの保護]

　締約国は、関連する国際条約に定義された麻薬及び向精神薬の不正な使用から児童を保護し、並びにこれらの物質の不正な生産及び取引における児童の使用を防止するための立法上、行政上、社会上及び教育上の措置を含むすべての適当な措置をとる。

第34条［性的搾取・虐待からの保護］

　締約国は、あらゆる形態の性的搾取及び性的虐待から児童を保護することを約束する。このため、締約国は、特に、次のことを防止するためのすべての適当な国内、二国間及び多数国間の措置をとる。

　（a）不法な性的な行為を行うことを児童に対して勧誘し又は強制すること。

　（b）売春又は他の不法な性的な業務において児童を搾取的に使用すること。

　（c）わいせつな演技及び物において児童を搾取的に使用すること。

第35条［誘拐・売買・取引の防止］

　締約国は、あらゆる目的のための又はあらゆる形態の児童の誘拐、売買又は取引を防止するためのすべての適当な国内、二国間及び多数国間の措置をとる。

第36条［他のあらゆる形態の搾取からの保護］

　締約国は、いずれかの面において児童の福祉を害する他のすべての形態の搾取から児童を保護する。

第37条［死刑・拷問等の禁止、自由を奪われた子どもの適切な取扱い］

　締約国は、次のことを確保する。

　（a）いかなる児童も、拷問又は他の残虐な、非人道的な若しくは品位を傷つける取扱い若しくは刑罰を受けないこと。死刑又は釈放の可能性がない終身刑は、十八歳未満の者が行った犯罪について科さないこと。

　（b）いかなる児童も、不法に又は恣意的にその自由を奪われないこと。児童の逮捕、抑留又は拘禁は、法律に従って行うものとし、最後の解決手段として最も短い適当な期間のみ用いること。

　（c）自由を奪われたすべての児童は、人道的に、人間の固有の尊厳を尊重して、かつ、その年齢の者の必要を考慮した方法で取り扱われること。特に、自由を奪われたすべての児童は、成人とは分離されないことがその最善の利益であると認められない限り成人とは分離されるものとし、例外的な事情がある場合を除くほか、通信及び訪問を通じてその家族との接触を維持する権利を有すること。

　（d）自由を奪われたすべての児童は、弁護人その他適当な援助を行う者と速やかに接触する権利を有し、裁判所その他の権限のある、独立の、かつ、

公平な当局においてその自由の剥奪の合法性を争い並びにこれについての
決定を速やかに受ける権利を有すること。

第 38 条［武力紛争における子どもの保護］

1　締約国は、武力紛争において自国に適用される国際人道法の規定で児童に
関係を有するものを尊重し及びこれらの規定の尊重を確保することを約束す
る。

2　締約国は、15 歳未満の者が敵対行為に直接参加しないことを確保するため
のすべての実行可能な措置をとる。

3　締約国は、15 歳未満の者を自国の軍隊に採用することを差し控えるものと
し、また、15 歳以上 18 歳未満の者の中から採用するに当たっては、最年長
者を優先させるよう努める。

4　締約国は、武力紛争において文民を保護するための国際人道法に基づく自
国の義務に従い、武力紛争の影響を受ける児童の保護及び養護を確保するた
めのすべての実行可能な措置をとる。

第 39 条［犠牲になった子どもの心身の回復と社会復帰］

締約国は、あらゆる形態の放置、搾取若しくは虐待、拷問若しくは他のあら
ゆる形態の残虐な、非人道的な若しくは品位を傷つける取扱い若しくは刑罰又
は武力紛争による被害者である児童の身体的及び心理的な回復及び社会復帰を
促進するためのすべての適当な措置をとる。このような回復及び復帰は、児童
の健康、自尊心及び尊厳を育成する環境において行われる。

第 40 条［少年司法］

1　締約国は、刑法を犯したと申し立てられ、訴追され又は認定されたすべて
の児童が尊厳及び価値についての当該児童の意識を促進させるような方法で
あって、当該児童が他の者の人権及び基本的自由を尊重することを強化し、
かつ、当該児童の年齢を考慮し、更に、当該児童が社会に復帰し及び社会に
おいて建設的な役割を担うことがなるべく促進されることを配慮した方法に
より取り扱われる権利を認める。

2　このため、締約国は、国際文書の関連する規定を考慮して、特に次のこと
を確保する。

　(a)　いかなる児童も、実行の時に国内法又は国際法により禁じられていな
かった作為又は不作為を理由として刑法を犯したと申し立てられ、訴追さ
れ又は認定されないこと。

　(b)　刑法を犯したと申し立てられ又は訴追されたすべての児童は、少なくと

も次の保障を受けること。

(i)　法律に基づいて有罪とされるまでは無罪と推定されること。

(ii)　速やかにかつ直接に、また、適当な場合には当該児童の父母又は法定保護者を通じてその罪を告げられること並びに防御の準備及び申立てにおいて弁護人その他適当な援助を行う者を持つこと。

(iii)　事案が権限のある、独立の、かつ、公平な当局又は司法機関により法律に基づく公正な審理において、弁護人その他適当な援助を行う者の立会い及び、特に当該児童の年齢又は境遇を考慮して児童の最善の利益にならないと認められる場合を除くほか、当該児童の父母又は法定保護者の立会いの下に遅滞なく決定されること。

(iv)　供述又は有罪の自白を強要されないこと。不利な証人を尋問し又はこれに対し尋問させること並びに対等の条件で自己のための証人の出席及びこれに対する尋問を求めること。

(v)　刑法を犯したと認められた場合には、その認定及びその結果科せられた措置について、法律に基づき、上級の、権限のある、独立の、かつ、公平な当局又は司法機関によって再審理されること。

(vi)　使用される言語を理解すること又は話すことができない場合には、無料で通訳の援助を受けること。

(vii)　手続のすべての段階において当該児童の私生活が十分に尊重されること。

3　締約国は、刑法を犯したと申し立てられ、訴追され又は認定された児童に特別に適用される法律及び手続の制定並びに当局及び施設の設置を促進するよう努めるものとし、特に、次のことを行う。

(a)　その年齢未満の児童は刑法を犯す能力を有しないと推定される最低年齢を設定すること。

(b)　適当かつ望ましい場合には、人権及び法的保護が十分に尊重されていることを条件として、司法上の手続に訴えることなく当該児童を取り扱う措置をとること。

4　児童がその福祉に適合し、かつ、その事情及び犯罪の双方に応じた方法で取り扱われることを確保するため、保護、指導及び監督命令、カウンセリング、保護観察、里親委託、教育及び職業訓練計画、施設における養護に代わる他の措置等の種々の処置が利用し得るものとする。

第41条 〔既存の権利の確保〕

　この条約のいかなる規定も、次のものに含まれる規定であって児童の権利の
実現に一層貢献するものに影響を及ぼすものではない。
　（a）締約国の法律
　（b）締約国について効力を有する国際法

　以降（第 2 部と第 3 部）、省略。

　この表記は、2019 年に有斐閣より刊行の宇賀克也・中里実・佐伯仁志編代『六法全
書 平成 31 年版 I』、3029-3032 頁を参照した。
　条文のタイトルは、2019 年に三省堂より刊行の解説教育六法編修委員会編『解説教
育六法 2019』の表記に倣う。

資料Ⅱ

日本国憲法　　1946（昭和21）年11月3日公布
　　　　　　　1947（昭和22）年5月3日施行　　　　　（抜粋）

前文

　日本国民は、正当に選挙された国会における代表者を通じて行動し、われらとわれらの子孫のために、諸国民との協和による成果と、わが国全土にわたつて自由のもたらす恵沢を確保し、政府の行為によつて再び戦争の惨禍が起ることのないやうにすることを決意し、ここに主権が国民に存することを宣言し、この憲法を確定する。そもそも国政は、国民の厳粛な信託によるものであつて、その権威は国民に由来し、その権力は国民の代表者がこれを行使し、その福利は国民がこれを享受する。これは人類普遍の原理であり、この憲法は、かかる原理に基くものである。われらは、これに反する一切の憲法、法令及び詔勅を排除する。

　日本国民は、恒久の平和を念願し、人間相互の関係を支配する崇高な理想を深く自覚するのであつて、平和を愛する諸国民の公正と信義に信頼して、われらの安全と生存を保持しようと決意した。われらは、平和を維持し、専制と隷従、圧迫と偏狭を地上から永遠に除去しようと努めてゐる国際社会において、名誉ある地位を占めたいと思ふ。われらは、全世界の国民が、ひとしく恐怖と欠乏から免かれ、平和のうちに生存する権利を有することを確認する。

　われらは、いづれの国家も、自国のことのみに専念して他国を無視してはならないのであつて、政治道徳の法則は、普遍的なものであり、この法則に従ふことは、自国の主権を維持し、他国と対等関係に立たうとする各国の責務であると信ずる。

　日本国民は、国家の名誉にかけ、全力をあげてこの崇高な理想と目的を達成することを誓ふ。

第三章　国民の権利及び義務

第11条　【基本的人権の享有】　国民は、すべての基本的人権の享有を妨げられない。この憲法が国民に保障する基本的人権は、侵すことのできない永久の権利として、現在及び将来の国民に与へられる。

136

第26条　【教育を受ける権利、教育の義務】　すべて国民は、法律の定めるところにより、その能力に応じて、ひとしく教育を受ける権利を有する。

二　すべて国民は、法律の定めるところにより、その保護する子女に普通教育を受けさせる義務を負ふ。義務教育は、これを無償とする。

第十章　最高法規

第97条　【基本的人権の本質】　この憲法が日本国民に保障する基本的人権は、人類の多年にわたる自由獲得の努力の成果であつて、これらの権利は、過去幾多の試錬に堪へ、現在及び将来の国民に対し、侵すことのできない永久の権利として信託されたものである。

この表記は、2019年に有斐閣より刊行された、宇賀克也・中里実・佐伯仁志編代『六法全書 平成31年版 I』の28-35頁を参考し、条文のタイトルもこれに倣う。

資料Ⅲ

教育基本法　　2006（平成18）年12月22日公布・施行
法律第25号

前文

　我々日本国民は、たゆまぬ努力によって築いてきた民主的で文化的な国家を
更に発展させるとともに、世界の平和と人類の福祉の向上に貢献することを願
うものである。

　我々は、この理想を実現するため、個人の尊厳を重んじ、真理と正義を希求し、
公共の精神を尊び、豊かな人間性と創造性を備えた人間の育成を期するととも
に、伝統を継承し、新しい文化の創造を目指す教育を推進する。

　ここに、我々は、日本国憲法の精神にのっとり、我が国の未来を切り拓く教
育の基本を確立し、その振興を図るため、この法律を制定する。

第一章　教育の目的及び理念

（教育の目的）

第1条　教育は、人格の完成を目指し、平和で民主的な国家及び社会の形成者
　として必要な資質を備えた心身ともに健康な国民の育成を期して行われなけ
　ればならない。

（教育の目標）

第2条　教育は、その目的を実現するため、学問の自由を尊重しつつ、次に掲
　げる目標を達成するよう行われるものとする。

　一　幅広い知識と教養を身に付け、真理を求める態度を養い、豊かな情操と
　　道徳心を培うとともに、健やかな身体を養うこと。

　二　個人の価値を尊重して、その能力を伸ばし、創造性を培い、自主及び自
　　律の精神を養うとともに、職業及び生活との関連を重視し、勤労を重んず
　　る態度を養うこと。

　三　正義と責任、男女の平等、自他の敬愛と協力を重んずるとともに、公共
　　の精神に基づき、主体的に社会の形成に参画し、その発展に寄与する態度
　　を養うこと。

　四　生命を尊び、自然を大切にし、環境の保全に寄与する態度を養うこと。

五　伝統と文化を尊重し、それらをはぐくんできた我が国と郷土を愛するとともに、他国を尊重し、国際社会の平和と発展に寄与する態度を養うこと。

（生涯学習の理念）

第3条　国民一人一人が、自己の人格を磨き、豊かな人生を送ることができるよう、その生涯にわたって、あらゆる機会に、あらゆる場所において学習することができ、その成果を適切に生かすことのできる社会の実現が図られなければならない。

（教育の機会均等）

第4条①　すべて国民は、ひとしく、その能力に応じた教育を受ける機会を与えられなければならず、人種、信条、性別、社会的身分、経済的地位又は門地によって、教育上差別されない。

②　国及び地方公共団体は、障害のある者が、その障害の状態に応じ、十分な教育を受けられるよう、教育上必要な支援を講じなければならない。

③　国及び地方公共団体は、能力があるにもかかわらず、経済的理由によって修学が困難な者に対して、奨学の措置を講じなければならない

第二章　教育の実施に関する基本

（義務教育）

第5条①　国民は、その保護する子に、別に法律で定めるところにより、普通教育を受けさせる義務を負う。

②　義務教育として行われる普通教育は、各個人の有する能力を伸ばしつつ社会において自立的に生きる基礎を培い、また、国家及び社会の形成者として必要とされる基本的な資質を養うことを目的として行われるものとする。

③　国及び地方公共団体は、義務教育の機会を保障し、その水準を確保するため、適切な役割分担及び相互の協力の下、その実施に責任を負う。

④　国又は地方公共団体の設置する学校における義務教育については、授業料を徴収しない。

（学校教育）

第6条①　法律に定める学校は、公の性質を有するものであって、国、地方公

共団体及び法律に定める法人のみが、これを設置することができる。

②　前項の学校においては、教育の目標が達成されるよう、教育を受ける者の心身の発達に応じて、体系的な教育が組織的に行われなければならない。この場合において、教育を受ける者が、学校生活を営む上で必要な規律を重んずるとともに、自ら進んで学習に取り組む意欲を高めることを重視して行われなければならない。

（大学）
第7条①　大学は、学術の中心として、高い教養と専門的能力を培うとともに、深く真理を探究して新たな知見を創造し、これらの成果を広く社会に提供することにより、社会の発展に寄与するものとする。

②　大学については、自主性、自律性その他の大学における教育及び研究の特性が尊重されなければならない。

（私立学校）
第8条　私立学校の有する公の性質及び学校教育において果たす重要な役割にかんがみ、国及び地方公共団体は、その自主性を尊重しつつ、助成その他の適当な方法によって私立学校教育の振興に努めなければならない。

（教員）
第9条①　法律に定める学校の教員は、自己の崇高な使命を深く自覚し、絶えず研究と修養に励み、その職責の遂行に努めなければならない。

②　前項の教員については、その使命と職責の重要性にかんがみ、その身分は尊重され、待遇の適正が期せられるとともに、養成と研修の充実が図られなければならない。

（家庭教育）
第10条①　父母その他の保護者は、子の教育について第一義的責任を有するものであって、生活のために必要な習慣を身に付けさせるとともに、自立心を育成し、心身の調和のとれた発達を図るよう努めるものとする。

②　国及び地方公共団体は、家庭教育の自主性を尊重しつつ、保護者に対する学習の機会及び情報の提供その他の家庭教育を支援するために必要な施策を講ずるよう努めなければならない。

（幼児期の教育）

第11条　幼児期の教育は、生涯にわたる人格形成の基礎を培う重要なものであることにかんがみ、国及び地方公共団体は、幼児の健やかな成長に資する良好な環境の整備その他適当な方法によって、その振興に努めなければならない。

（社会教育）

第12条①　個人の要望や社会の要請にこたえ、社会において行われる教育は、国及び地方公共団体によって奨励されなければならない。

②　国及び地方公共団体は、図書館、博物館、公民館その他の社会教育施設の設置、学校の施設の利用、学習の機会及び情報の提供その他の適当な方法によって社会教育の振興に努めなければならない

（学校、家庭及び地域住民等の相互の連携協力）

第13条　学校、家庭及び地域住民その他の関係者は、教育におけるそれぞれの役割と責任を自覚するとともに、相互の連携及び協力に努めるものとする。

（政治教育）

第14条①　良識ある公民として必要な政治的教養は、教育上尊重されなければならない。

②　法律に定める学校は、特定の政党を支持し、又はこれに反対するための政治教育その他政治的活動をしてはならない。

（宗教教育）

第15条①　宗教に関する寛容の態度、宗教に関する一般的な教養及び宗教の社会生活における地位は、教育上尊重されなければならない。

②　国及び地方公共団体が設置する学校は、特定の宗教のための宗教教育その他宗教的活動をしてはならない。

第三章　教育行政
（教育行政）

第16条①　教育は、不当な支配に服することなく、この法律及び他の法律の定

めるところにより行われるべきものであり、教育行政は、国と地方公共団体との適切な役割分担及び相互の協力の下、公正かつ適正に行われなければならない。

② 　国は、全国的な教育の機会均等と教育水準の維持向上を図るため、教育に関する施策を総合的に策定し、実施しなければならない。

③ 　地方公共団体は、その地域における教育の振興を図るため、その実情に応じた教育に関する施策を策定し、実施しなければならない。

④ 　国及び地方公共団体は、教育が円滑かつ継続的に実施されるよう、必要な財政上の措置を講じなければならない。

（教育振興基本計画）

第 17 条① 　政府は、教育の振興に関する施策の総合的かつ計画的な推進を図るため、教育の振興に関する施策についての基本的な方針及び講ずべき施策その他必要な事項について、基本的な計画を定め、これを国会に報告するとともに、公表しなければならない。

② 　地方公共団体は、前項の計画を参酌し、その地域の実情に応じ、当該地方公共団体における教育の振興のための施策に関する基本的な計画を定めるよう努めなければならない。

第四章　法令の制定

第 18 条　この法律に規定する諸条項を実施するため、必要な法令が制定されなければならない。

附則

以下、省略。

この表記は、2019 年に有斐閣より刊行された、宇賀克也・中里実・佐伯仁志編代『六法全書 平成 31 年版 Ⅰ』の 2616 頁を参考し、条文のタイトルもこれに倣う。

資料Ⅳ

旧教育基本法　　1947（昭和22）年3月31日公布・施行
法律第25号

前文

　われらは、さきに、日本国憲法を確定し、民主的で文化的な国家を建設して、世界の平和と人類の福祉に貢献しようとする決意を示した。この理想の実現は、根本において教育の力にまつべきものである。

　われらは、個人の尊厳を重んじ、真理と平和を希求する人間の育成を期するとともに、普遍的にしてしかも個性ゆたかな文化の創造をめざす教育を普及徹底しなければならない。

　ここに、日本国憲法の精神に則り、教育の目的を明示して、新しい日本の教育の基本を確立するため、この法律を制定する。

第1条（教育の目的）

　教育は、人格の完成をめざし、平和的な国家及び社会の形成者として、真理と正義を愛し、個人の価値をたつとび、勤労と責任を重んじ、自主的精神に充ちた心身ともに健康な国民の育成を期して行われなければならない。

第2条（教育の方針）

　教育の目的は、あらゆる機会に、あらゆる場所において実現されなければならない。この目的を達成するためには、学問の自由を尊重し、実際生活に即し、自発的精神を養い、自他の敬愛と協力によつて、文化の創造と発展に貢献するように努めなければならない。

第3条（教育の機会均等）

　すべて国民は、ひとしく、その能力に応ずる教育を受ける機会を与えられなければならないものであつて、人種、信条、性別、社会的身分、経済的地位又は門地によつて、教育上差別されない。

②　国及び地方公共団体は、能力があるにもかかわらず、経済的理由によつて修学困難な者に対して、奨学の方法を講じなければならない。

第4条（義務教育）

　　国民は、その保護する子女に、九年の普通教育を受けさせる義務を負う。

②　国又は地方公共団体の設置する学校における義務教育については、授業料は、これを徴収しない。

第5条（男女共学）

　　男女は、互に敬重し、協力し合わなければならないものであつて、教育上男女の共学は、認められなければならない。

第6条（学校教育）

　　法律に定める学校は、公の性質をもつものであつて、国又は地方公共団体の外、法律に定める法人のみが、これを設置することができる。

②　法律に定める学校の教員は、全体の奉仕者であつて、自己の使命を自覚し、その職責の遂行に努めなければならない。このためには、教員の身分は、尊重され、その待遇の適正が、期せられなければならない。

第7条（社会教育）

　　家庭教育及び勤労の場所その他社会において行われる教育は、国及び地方公共団体によつて奨励されなければならない。

②　国及び地方公共団体は、図書館、博物館、公民館等の施設の設置、学校の施設の利用その他適当な方法によつて教育の目的の実現に努めなければならない。

第8条（政治教育）

　　良識ある公民たるに必要な政治的教養は、教育上これを尊重しなければならない。

②　法律に定める学校は、特定の政党を支持し、又はこれに反対するための政治教育その他政治的活動をしてはならない。

第9条（宗教教育）

　　宗教に関する寛容の態度及び宗教の社会生活における地位は、教育上これを尊重しなければならない。

② 国及び地方公共団体が設置する学校は、特定の宗教のための宗教教育その他宗教的活動をしてはならない。

第 10 条（教育行政）

教育は、不当な支配に服することなく、国民全体に対し直接に責任を負つて行われるべきものである。

② 教育行政は、この自覚のもとに、教育の目的を遂行するに必要な諸条件の整備確立を目標として行われなければならない。

第 11 条（補則）

この法律に掲げる諸条項を実施するために必要がある場合には、適当な法令が制定されなければならない。

この表記は、2019 年に三省堂より刊行された、解説教育六法編修委員会編『解説教育六法 2019』の 54 頁を参考し、条文のタイトルもこれに倣う。

資料Ⅴ

小学校学習指導要領　　2017（平成 29）年 3 月 31 日告示
　　　　　　　　　　　2020（令和 2）年 4 月 1 日施行
　　　　　　　　　　　文部科学省告示第六十三号
　　　　　　　　　　　文部科学大臣　松野博一

第 6 章　特別活動
第 1　目標
　集団や社会の形成者としての見方・考え方を働かせ、様々な集団活動に自主的、実践的に取り組み、互いのよさや可能性を発揮しながら集団や自己の生活上の課題を解決することを通して、次のとおり資質・能力を育成することを目指す。

(1) 多様な他者と協働する様々な集団活動の意義や活動を行う上で必要となることについて理解し、行動の仕方を身に付けるようにする。
(2) 集団や自己の生活、人間関係の課題を見いだし、解決するために話し合い、合意形成を図ったり、意思決定したりすることができるようにする。
(3) 自主的、実践的な集団活動を通して身に付けたことを生かして、集団や社会における生活及び人間関係をよりよく形成するとともに、自己の生き方についての考えを深め、自己実現を図ろうとする態度を養う。

　この小学校の特別活動の目標は、学級活動、児童会活動、クラブ活動及び学校行事の四つの内容の目標を総括する目標である。
　なお、圏点は筆者によるもので校種の違いを表す。

資料Ⅵ

中学校学習指導要領　　2017（平成 29）年 3 月 31 日告示
　　　　　　　　　　　　2021（令和 3）年 4 月 1 日施行
　　　　　　　　　　　　文部科学省告示第六十四号
　　　　　　　　　　　　文部科学大臣　松野博一

第 5 章　特別活動
第 1　目標
　集団や社会の形成者としての見方・考え方を働かせ、様々な集団活動に自主的、実践的に取り組み、互いのよさや可能性を発揮しながら集団や自己の生活上の課題を解決することを通して、次のとおり資質・能力を育成することを目指す。

(1) 多様な他者と協働する様々な集団活動の意義や活動を行う上で必要となることについて理解し、行動の仕方を身に付けるようにする。
(2) 集団や自己の生活、人間関係の課題を見いだし、解決するために話し合い、合意形成を図ったり、意思決定したりすることができるようにする。
(3) 自主的、実践的な集団活動を通して身に付けたことを生かして、集団や社会における生活及び人間関係をよりよく形成するとともに、人間としての生き方についての考えを深め、自己実現を図ろうとする態度を養う。

　この中学校の特別活動の目標は、学級活動、生徒会活動及び学校行事の三つの内容の目標を総括する目標である。
　なお、圏点は筆者によるもので校種の違いを表す。

資料Ⅶ

高等学校学習指導要領　2018（平成 30）年 3 月 31 日告示
文部科学省告示第六十八号
文部科学大臣　林　芳正

第 5 章　特別活動
第 1　目標

　集団や社会の形成者としての見方・考え方を働かせ、様々な集団活動に自主的、実践的に取り組み、互いのよさや可能性を発揮しながら集団や自己の生活上の課題を解決することを通して、次のとおり資質・能力を育成することを目指す。

(1) 多様な他者と協働する様々な集団活動の意義や活動を行う上で必要となることについて理解し、行動の仕方を身に付けるようにする。

(2) 集団や自己の生活、人間関係の課題を見いだし、解決するために話し合い、合意形成を図ったり、意思決定したりすることができるようにする。

(3) 自主的、実践的な集団活動を通して身に付けたことを生かして、主体的に集団や社会に参画し、生活及び人間関係をよりよく形成するとともに、人間としての在り方生き方についての自覚を深め、自己実現を図ろうとする態度を養う。

　この特別活動の目標は、ホームルーム活動、生徒会活動及び学校行事の三つの内容の目標を総括する目標である。
　なお、圏点は筆者によるもので校種の違いを表す。

資料Ⅷ

中学校学習指導要領　　　2017（平成29）年3月31日告示
　　　　　　　　　　　　同上

第4章　総合的な学習の時間
第1　目標

　探究的な見方・考え方を働かせ、横断的・総合的な学習を行うことを通して、よりよく課題を解決し、自己の生き方を考えていくための資質・能力を次のとおり育成することを目指す。

(1) 探究的な学習の過程において、課題の解決に必要な知識及び技能を身に付け、課題に関わる概念を形成し、探究的な学習のよさを理解するようにする。

(2) 実社会や実生活の中から問いを見いだし、自分で課題を立て、情報を集め、整理・分析して、まとめ・表現することができるようにする。

(3) 探究的な学習に主体的・協働的に取り組むとともに、互いのよさを生かしながら、積極的に社会に参画しようとする態度を養う。

　この中学校の総合的な学習の時間「第1　目標」は、小学校のそれと同文である。
　なお、圏点は筆者によるもので、高等学校の総合的な探究の時間「第1　目標」との違いを示す。「……通して、自己の在り方生き方を考えながら、よりよく課題を発見し解決していくための資質・能力……」となる。

資料Ⅸ

　生徒指導提要は 12 年ぶりに改訂され、令和 4 年 12 月（以下、「新版」と略。）に新たに出版され web 上でも閲覧できる。新版は、生徒指導を定義し、その目的を明示した。

生徒指導の定義

　「生徒指導とは、児童生徒が、社会の中で自分らしく生きる事ができる存在へと、自発的・主体的に成長や発達する過程を支える教育活動のことである。なお、生徒指導上の課題に対応するために、必要に応じて指導や援助を行う」とした。

生徒指導の目的

　「生徒指導は、児童生徒一人一人の個性の発見とよさや可能性の伸長と社会的市資質・能力の発達を支えると同時に、自己の幸福追求と社会に受け入れられる自己実現を支えることを目的とする」とした。

　これに続き、「生徒指導の目的を達成するためには、児童生徒一人一人が自己指導能力を身に付けることが重要です」と示す。教育は、学習者が自らリフレクションを通して新たな気付きを醸し出す能力、自己指導能力の習得が要である。

自己指導能力とは

　新版は生徒の自己指導能力を、「児童生徒が、深い自己理解に基づき、「何をしたいのか」、「何をするべきか」、主体的に問題や課題を発見し、自己の目標を選択・設定して、この目標の達成のため、自発的、自律的、かつ、他者の主体性を尊重しながら、自らの行動を決断し、実行する力のこと」とした。

　このほか新版は、これまで生徒指導の教育観・指導観とされてきた(1)〜(3)を「生徒指導の実践上の視点」として再掲した。

(1) 自己存在感の感受、自己有用感を育む

　　生徒が、学年や学級集団・ホームルーム集団に受け入れられる存在であることを感じる状態。自分はみんなの役に立ち、貢献している実感を保つ環境である。自分も一人の人間として大切にされていると実感できる集団と個の公共性を培う環境づくり。

(2) 共感的な人間関係の育成

　　自己認識（内省・省察）や、多様な他者認識に基づき、学年や学級集団・ホームルーム集団における自他相互の個性や人権を尊重し合う共感的理解や良好な関係性が構築していく過程の保障や環境づくり。

(3) 自己決定の場の提供

　　自己に関係することは、自らの意思で決めていく機会が尊重される環境づくり。自己決定の機会が保障されなければ自律性を育むことが促進できず、他律性が増幅する可能性が高くなる。子どもの権利条約第 12 条の意見表明権がこれにあたる。（本書「資料」123 頁を参照）

　以上の（1）〜（3）に加えて新版は、いじめ、不登校、ハラスメント・暴力行為、子どもの貧困、児童虐待などの課題を視野に、次の(4)を新設した。

(4) 安全・安心な風土の醸成

　　学年や学級集団・ホームルーム集団において、生徒の幸福追求（well-being）と社会に受け入れられる自己実現（社会的自己実現）を支え、安全で安心した学習活動や学校生活を送ることができる環境づくり。

　さらに新版は、生徒指導の構造を 2 軸 3 類 4 層構造として、児童生徒の課題への対応を時間軸や対象、課題性の高低という重層的な観点から次のように示した。

【生徒指導の 2 軸】
（1）常態的・先行的（プロアクティブ）生徒指導
（2）即対応・継続的（リアクティブ）生徒指導

【生徒指導の 3 類】
（1）発達支持的生徒指導
（2）課題予防的生徒指導
（3）困難課題対応的生徒指導

【生徒指導の 4 層】
（1）発達支持的生徒指導
（2）課題予防的生徒指導：（課題未然防止教育）
（3）課題予防的生徒指導：（課題早期派遣対応）
（4）困難課題対応的生徒指導

　学校教育における生徒指導の教科書とされる生徒指導提要。新版は、現代的な課題を包括的に扱い画期的な改編となった。しかし、生徒規則は「校則の運用・見直し」とされ、字数も 2 頁であり概ね変化は見て取れない。

文部科学省編（2023）『生徒指導提要（令和 4 年 12 月）』東洋館出版社、12-23 頁、101-103 頁。

著者略歴

中尾豊喜（なかお・とよき）

1958 年、長崎県生まれ
兵庫教育大学大学院学校教育研究科学校教育専攻生徒指導コース修了

現　　職：大阪体育大学体育学部 教授
専門分野：学校教育学、教師教育学
著　　書：編代著『こどものキャリア形成』幻冬舎ルネッサンス新社（2020 年・
　　　　　電子図書 2021 年）、編代著『総合的な学習の時間・総合的な探究
　　　　　の時間と特別活動の方法』東洋館出版社（2020 年）、編著『小・中・
　　　　　高等学校「総合的な学習・探究の時間の指導」』学術研究出版（2020
　　　　　年）、共著／日本特別活動学会編『三訂 キーワードで拓く新しい
　　　　　特別活動』東洋館出版社（2019 年）、共著『21 世紀社会に必要な「生
　　　　　き抜く力」を育む 特別活動の理論と実践』学術研究出版（2018 年）、
　　　　　共著『中学校における「特別の教科道徳」の実践』北大路書房（2016
　　　　　年）、編著『家づくり・街づくりを考える』大和ハウス工業（2012
　　　　　年 ※第 6 回キッズデザイン賞最優秀賞／消費者大臣賞受賞作）、
　　　　　編著『シティズンシップ教育・キャリア教育・環境教育』東京書
　　　　　籍（2007 年）など

K.G. りぶれっと No.52

規則と生徒指導
1980-90 年代のジレンマ

2020 年 3 月 31 日 初版第一刷発行
2024 年 3 月 31 日 初版第二刷発行

著　　者　　中尾豊喜

発行者　　田村和彦
発行所　　関西学院大学出版会
所在地　　〒 662-0891
　　　　　兵庫県西宮市上ケ原一番町 1-155
電　話　　0798-53-7002

印　　刷　　協和印刷株式会社

関西学院大学出版会「K・G・りぶれっと」発刊のことば

大学はいうまでもなく、時代の申し子である。

その意味で、大学が生き生きとした活力をいつももっていてほしいというのは、大学を構成するもの達だけではなく、広く一般社会の願いである。

研究、対話の成果である大学内の知的活動を広く社会に評価の場を求める行為が、社会へのさまざまなメッセージとなり、大学の活力のおおきな源泉になりうると信じている。

遅まきながら関西学院大学出版会を立ち上げたのもその一助になりたいためである。

ここに、広く学院内外に執筆者を求め、講義、ゼミ、実習その他授業全般に関する補助教材、あるいは現代社会の諸問題を新たな切り口から解剖した論評などを、できるだけ平易に、かつさまざまな形式によって提供する場を設けることにした。

一冊、四万字を目安として発信されたものが、読み手を通して〈教え―学ぶ〉活動を活性化させ、社会の問題提起となり、時に読み手から発信者への反応を受けて、書き手が応答するなど「知」の活性化の場となることを期待している。

多くの方々が相互行為としての「大学」をめざして、この場に参加されることを願っている。

二〇〇〇年　四月